KB220818

추천의 글

벤 마이어스는 독자들에게 사도신경 묵상집이라는 값진 선물을 안겨 주었다. 그는 우리를 교부^{教父}들이 남긴 깊은 신학적 성찰과 함축적인 이야기들로 초대한다. 그러나 우리를 초대하는 그의 손길은 놀랍도록 가볍다. 마이어스는 하나님의 성별이나 아버지 되어주심, 처녀의 잉태, 지옥으로 내려가심, 성^聖 삼위일체와 같은 어려운 문제들을 다루면서도, 기독교 전통의 풍부함을 잘 살리고 시대적 요구 또한 만족시킨다. 그는 이 난해한 용어들을 신학적으로 쉽게 풀어내고 있으며, 이를 통해 우리는 기독교 신앙의 위대한 진리에 한 걸음 더 다가갈 수 있게 되었다.

올리버 크리스프^{Oliver D. Crisp}
풀러신학교
「Saving Calvinism」의 저자

이 책은 사도신경과 마찬가지로, "그리스도인은 무엇을 믿는가?"라는 질문에 관해 주옥같은 대답을 해준다. 그뿐 아니라 이 책은 의심이나 두려움 또는 냉소적 사고에 특히 더 익숙한 21세기 독자들에게, 앞선 질문의 이면에 있는 "그리스도인은 어떻게 이것을 믿을 수 있을까?"에 대한 물음에도 기꺼이 답한다. 마이어스는 시간을 뛰어넘어, 지속적인 통찰을 주는 기독교 고전에 담긴 놀라운 지혜를 소개한다. 이 책은 세속적인 시대를 살아가는 우리가 잃어버린 것을 되찾고 깨달음을 향해 나아가는 데 꼭 필요한 성경 교리 안내서이다.

제임스 스미스^{James K. A. Smith}
칼빈신학교
「You Are What You Love」와 「Awaiting the King」의 저자

벤 마이어스는 사도신경에 담긴 기독교 신앙을 단순하면서도 놀랄 만큼 세련되게 기술했다. 또한, 마이어스는 기억하기 쉽고 묵상하기 좋도록 사도신경을 단어와 구절 단위로 다루어 그 의미를 새롭게 설명하였다. 그리고 "나는 믿습니다"라는 고백에 담긴 성경적이고 교회사적인 의미를 우리에게 가르쳐 준다.

마이클 버드 Michael F. Bird
호주 멜버른, 리들리신학교
「What Christians Ought to Believe」의 저자

나는 사도신경을 간결하고 읽기 쉽게 정리해준 벤 마이어스에게 깊이 감사한다. 그는 오랜 시간 정립되어온 교회의 신학적 합의를 다시 회복하고, 믿음의 선배들의 지혜를 현대 교회가 다시 배우고자 하는 영적 각성 운동에 참여하고 있다. "우리가 할 수 있는 가장 진실하고 중요한 고백은 개인적인 고백이 아니라 공동체적인 고백이다." 나는 마이어스의 이 말에 매우 큰 충격을 받았다. 이 책은 오늘날의 교회가 삼위일체 하나님과 구원에 대한 핵심진리를 담은 고백으로서, 사도신경을 고백하도록 도와준다.

그레그 앨리슨 Gregg R. Allison
남침례신학교
「Historical Theology: An Introduction to Christian Doctrine」의 저자

사도신경

사도신경
초대교회 교리문답 가이드

크리스천 에센셜 시리즈 1

벤 마이어스 지음
김용균 옮김

삶이 있는 신앙
예배와 삶의 일치

사도신경 초대교회 교리문답 가이드

크리스천 에센셜 시리즈 1

초판 1쇄 인쇄 : 2021년 2월 28일
초판 1쇄 발행 : 2021년 3월 10일

지은이 벤 마이어스 / 옮긴이 김용균
펴낸이 이원우 / 펴낸곳 솔라피데출판사
기획 · 편집 : 이상영
주소 : (10881) 경기도 파주시 문발로 123 파주출판문화정보산업단지
전화 : (031)992-8691 / 팩스 : (031)955-4433
등록 : 제10-1452호 / Email : vsbook@hanmail.net
공급처 : 솔라피데출판유통 / 전화 : (031)992-8691

THE
APOSTLES' CREED

A Guide to the Ancient Catechism

The Apostles' Creed: A Guide to the Ancient Catechism
Christian Essentials

Copyright © 2018 Ben Myers

Lexham Press, 1313 Commercial St., Bellingham, WA 98225

목차

CHRISTIAN ESSENTIALS

시리즈 머리말

 「크리스천 에센셜Christian Essentials」 시리즈는 기독교 신앙의 본질인 전통들 즉, 사도신경, 주기도문, 십계명 등을 명확하면서도 독자들이 이해하기 쉽게 분석하고 풀어내고자 하는 기획 연재이다.

그리스도인에게 있어서 신앙의 성장이란 역설적이게도, 다시 처음으로 돌아가는 것이다. 위대한 종교개혁자 마르틴 루터Martin Luther(1483~1546)는 이 원리를 다음과 같이 설명하였다. "내가 이제는 나이 지긋한 학자가 되었을지라도, 여태껏 십계명이나 사도신경, 주기도문과 같은 기본 교리를 결코 소홀히 한 적이 없다. 지금도 여전히 난 사랑스러운 한스, 레나와 함께 매일 그것들을 배우고 기도한다." 루터는 평생토록 성경을 공부한 자신도 어린 자녀들만큼이나 여전히 예수 그리스도에 대해 배울 것이 많다고 여겼다.

초대교회는 십계명, 세례, 사도신경, 성찬식, 주기도문, 그리고 공예배와 같은 기본적인 성경의 가르침과 전통들 위에 세워졌다. 사도들의 시대부터 오늘에 이르기까지, 이러한 기독교적 삶의 기초가 노인이든 청년이든, 남자든 여자든, 목회자든 성도든 상관없이, 모든 믿음의 세대들을 지탱하고 성장시켜 왔다.

> "너희가 다 믿음으로 말미암아 그리스도 예수 안에서
> 하나님의 아들이 되었으니"(갈 3:26)

우리는 믿음의 선조들과의 만남을 통해 지혜를 얻는다. 그들은 시대와 문화를 초월해서 우리의 관점을 넓혀준다. C. S. 루이스Clive Staples Lewis(1898~1963)는 "모든 세대는 그들만의 고유한 세계관을 가지고 있다. 각자의 관점은 어떠한 진리를 발견하는데 탁월하기도 하지만, 때로는 자칫 실수를 저지를 가능성을 높이기도 한다."라고 말했다. 우리는 현실에 초점은 맞추되, 앞서간 이들로부터 그들이 했던 질문과 통찰을 배워야 한다. 즉, 신앙의 선배들의 삶을 읽어 내려감으로써 우리가 전혀 생각해보지 못한 영적 통찰력을 얻어내는 것이다.

「크리스천 에센셜Christian Essentials」 시리즈는 우리 신앙의 기본이 되는 것들이 가지는 진정한 의미를 일깨워 줄 것이다. 위대한 전통과의 만남은 성경적이면서 강력한 힘으로 우리를 기본으로 돌아가게 할 것이며, 하나님의 자녀들에게 지속적인 성장을 맛보게 할 것이다.

> "이스라엘아 들으라 우리 하나님 여호와는 오직 유일한 여호와이시니 너는 마음을 다하고 뜻을 다하고 힘을 다하여 네 하나님 여호와를 사랑하라 오늘 내가 네게 명하는 이 말씀을 너는 마음에 새기고 네 자녀에게 부지런히 가르치며 집에 앉았을 때에든지 길을 갈 때에든지 누워 있을 때에든지 일어날 때에든지 이 말씀을 강론할 것이며 너는 또 그것을 네 손목에 매어 기호를 삼으며 네 미간에 붙여 표로 삼고 또 네 집 문설주와 바깥 문에 기록할지니라"(신 6:4-9)

사도신경

I Believe In GOD The Father Almighty,
maker of heaven and earth,
And In JESUS CHRIST, GOD's Only Son, Our Lord:
who was conceived by the Holy Spirit,
born of the Virgin Mary,
suffered under Pontius Pilate,
was crucified, died, and was buried.
He descended into hell.
On the third day He rose again from the dead.
He ascended into heaven and is seated

at the right hand of the Father,

and He will come again to judge the living and the dead.

I believe in the HOLY SPIRIT,

the holy catholic church,

the communion of saints,

the forgiveness of sins,

the resurrection of the body,

and the life everlasting.

AMEN.

THE APOSTLES' CREED(English Version)

전능하사 천지를 만드신

하나님 아버지를 내가 믿사오며,

그 외아들 우리 주 예수 그리스도를 믿사오니,

이는 성령으로 잉태하사 동정녀 마리아에게 나시고,

'본디오 빌라도'에게 고난을 받으사,

십자가에 못 박혀 죽으시고,

장사한 지 사흘 만에 죽은 자 가운데서

다시 살아나시며,

하늘에 오르사, 전능하신 하나님 우편에 앉아 계시다가,

저리로서 산 자와 죽은 자를

심판하러 오시리라.

성령을 믿사오며, 거룩한 공회와,

성도가 서로 교통하는 것과,

죄를 사하여 주시는 것과,

몸이 다시 사는 것과,

영원히 사는 것을 믿사옵나이다.

아멘.

사도신경(개역개정)

나는 전능하신 아버지 하나님,

천지의 창조주를 믿습니다.

나는 그의 유일하신 아들,
우리 주 예수 그리스도를 믿습니다.

그는 성령으로 잉태되어 동정녀 마리아에게서 나시고,

본디오 빌라도에게 고난을 받아 십자가에 못 박혀 죽으시고,

(지옥으로 내려가셨다가)

장사된 지 사흘 만에 죽은 자 가운데서

다시 살아나셨으며,

하늘에 오르시어 전능하신 아버지 하나님

우편에 앉아 계시다가,

거기로부터 살아 있는 자와 죽은 자를

심판하러 오십니다.

나는 성령을 믿으며,

거룩한 공교회와 성도의 교제와

죄를 용서받는 것과

몸의 부활과 영생을 믿습니다.

아멘.

사도신경(새번역)

* 이 책 『사도신경』에서는 독자들의 깊은 이해를 돕기 위해 '사도신경(새번역)'을 인용하였습니다.

머리말

기독교 신앙은 복잡하지 않다. 오히려 단순하기에 신비롭다. 세례를 받는 성도들은 이미 믿음 충만해 있으며, 그들의 삶 전체가 세례의 신비^{mystery}로 둘러 쌓여있다. 세례를 받는다는 것은 그리스도 예수와 함께 죽고, 성령을 통해 다시 살아나 하나님의 영광을 드러냄을 의미한다. 세례를 받지 않고서 더 높은 차원의 신비로 들어갈 수는 없다. 그리스도인의 삶은 그렇게 세례로부터 시작되며, 이를 간과하는 것은 도리어 퇴보하는 것과 같다.

제자도^{弟子道}에 있어서 가장 성숙한 사람이란 기본에 충실한 사람을 말한다. 이에 있어 신학적 접근은 매우 유용하다. 신학이 모든 문제에 정답을 제시하진 않지만, 세례를 더 실

재적으로 이해하고 우리 인생에서 세례가 어떤 의미인지를
깊이 깨닫도록 도와준다.

그리스도께서는 이미 그분을 따르는 이들에게 필요한 모
든 것을 주셨다. 이것이 바로 내가 이 책을 쓰게 된 이유다.
바울은 "모든 것이 너희의 것"이라고 했다. "만물이 다 너희
것임이라 … 너희는 그리스도의 것이요 그리스도는 하나님
의 것이니라"(고전 3:21-23). 우리는 부스러기나 구걸하는
존재가 아니다. 우리는 마치 엄청난 토지를 물려받은 상속자
와 같다. 한 번에 이 많은 땅을 다 확인할 수 없기에, 토지대
장을 꼼꼼히 살펴보고 상속받은 그 땅들을 두루 다녀봐야만
한다. 마찬가지로, 그리스도 안에서 우리가 받은 모든 것을
이해하려면 상당한 노력과 시간이 필요하다. 물론 신학적 이
해가 부족하다고 해서 우리가 이미 받은 것이 늘어나거나 줄
어드는 것은 아니다. 우리가 그 규모를 파악하든 못하든 우
리가 받은 유산은 그대로다. 그러나 우리가 그것을 더 잘 이
해할수록 우리는 더 행복해진다.

그래서 이 작은 책은 당신의 행복을 위한 초대장이다. 나
는 기쁜 마음으로 이 책을 썼으며, 이 책이 믿음의 신비 안에
있는 "지식에 넘치는 그리스도의 사랑을 알고, 그 너비와 길
이와 높이와 깊이가 어떠함을 깨닫고(엡 3:18-19)" 이해하
길 원하는 누군가에게 도움이 되기를 바란다.

　이 책은 시드니의 라인하르트연합교회에서 전했던 사도신경에 대한 시리즈 설교를 책으로 엮은 것이다. 존 허트^{John Hirt} 목사를 비롯한 라인하르트연합교회 성도들의 우정과 환대에 깊은 감사를 표하며, 애정을 담아 이 책을 헌정한다. 설교는 긴 내용을 다루었지만, 책은 비교적 짧고 간결하게 정리했다. 내용이 짧든 길든, 이레나이우스^{St. Irenaeus}의 말에서 위안을 얻는다. "믿음은 하나이고 같은 것이기에, 장황하다고 해서 더 풍부해지는 것이 아니며, 간결하다고 해서 부족해지는 것도 아니다."[1]

초대교회의 교리문답

 부활절 전날 밤, 한 무리의 신도들이 기도 가운데, 말씀을 읽고 연구하며 밤을 지새우고 있었다. 몇 년간 그들은 이날만을 기다리며 준비해왔다. 이들의 인생에서 가장 중요한 순간이 눈앞에 다가온 것이다.

새벽을 깨우는 닭 울음소리에 맞춰, 그들은 흐르는 물가로 나아간다. 걸치고 있던 옷을 벗는다. 여자들은 머리를 풀고 장신구들을 떼어 낸다. 마지막까지 마음속에 남아있던 악한 생각들을 다 내려놓은 후, 그들의 머리부터 발끝까지 기름이 부어진다. 세례를 돕는 이들이 완전히 벗은 그들을 물속으로 인도한다. "당신은 전능하신 하나님 아버지를 믿습니까?", 질문이 던져지면, "네 믿습니다!", 대답한다. 그리고 그들은 물속에 완전히 넣어졌다가 다시 일으켜 세워진다.

두 번째 질문이 이어진다. "당신은 예수 그리스도가 하나님의 아들인 것을 믿습니까? 예수께서 성령으로 잉태되어 처녀인 마리아의 몸에서 태어나신 것과 본디오 빌라도에게 고난을 받아 십자가에 못 박혀 돌아가신 것과 사흘 만에 죽은 자들 가운데서 다시 살아나신 것을 믿습니까? 예수께서 부활하신 후 하늘에 올라가셔서 전능하신 하나님 우편에 앉아 함께 만물을 통치하시는 것과 훗날 산 자와 죽은 자를 심판하러 오신다는 사실을 믿습니까?", "네 믿습니다!", 대답과 동시에 그들은 다시 물속에 잠긴다.

그리고 이어지는 마지막 질문. "당신은 성령과 거룩한 공교회와 몸이 다시 사는 부활을 믿습니까?" 그들은 감정에 복받쳐, "네! 믿습니다!", 세 번째 외친다. 그리고 한 번 더 물속에 몸을 맡긴다. 뭍으로 나오자 돕는 이들이 그들의 몸에 다시 한번 기름을 붓고 옷을 입힌다. 환희에 찬 성도들의 축복을 받으며, 다른 그리스도인들과 함께 생애 첫 성찬에 참여하게 된다. 마침내 이들은 선을 행하고 믿음 안에서 더욱 성장할 것을 다짐하며 세상으로 파송 받는다.

이것은 A.D. 3세기 초, 「사도 전승」이라고 알려진 문서에 기록된 세례식의 한 장면이다.[2] 여기에는 사도신경의 뿌리가 되는 신앙고백이 담겨 있다. 사도신경은 세례에서 시작되었다. 사도신경은 우리를 구원하신 하나님을 향한 충성 서약이다. 이 신앙고백에는 삼위일체의 하나님이 우리를 창조하시고, 성육신을 통해 우리의 죄를 대속하셨으며, 선한 일을 행하도록 우리를 도우시는 분이라는 고백이 담겨 있다.

보통 대부분의 신앙고백은 주교들이나 공의회가 신학에 대한 자신들의 이해와 논리를 강요하고자 만든 정치적 수단인 경우가 많았으나 사도신경은 달랐다. 공의회가 만든 것도, 어떤 특정한 신학적 목적을 위해 만들어진 것도 아니었다. 사도신경은 부활하신 예수님께서 사도들에게 "그러므로 너희는 가서 모든 민족을 제자로 삼아 아버지와 아들과 성령의 이름으로 세례를 베풀라(마 28:19-20)"고 명령하신 사명에 대한 초대교회의 근본적인 반응이자, 신앙의 뿌리가 되는 순수한 고백이었다. 니케아 신조Nicene Creed가 4세기에 두 번의 공회를 통해 수정되었기에 결은 다르지만, 그 또한 초대교회의 신앙고백을 확장하고 명확하게 한 것에 불과했다.

후대에 와서, 세례문답에 사용되던 초대교회의 신앙고백은 열두 사도들이 각각 한 문장씩 기록했다는 전승에 따라 '사도신경'이라 불리기 시작했다. 이는 사도신경이 사도들의 신앙에 뿌리를 두고, 궁극적으로 부활하신 예수 그리스도께서 친히 주신 말씀이라는 전승이다. 그래서 매력적이며, 깊은 진리가 담겨 있다.

사도신경

A.D. 2세기로 접어들면서, 사도신경의 기본적인 형태는 기독교 공동체들 가운데 널리 퍼져 있었다. 2세기 갈리아^{Gaul}의 감독이자 신학자였던 이레나이우스$^{St.\ Irenaeus}$(140~203)는 모든 그리스도인의 신앙을 정의할 수 있는 3가지 '핵심 교리'를 언급했다.

> 땅끝까지 이르러 온 세상에 복음이 전파된 교회는 사도들과 그들의 제자들로부터, (1)하늘과 땅과 바다의 모든 만물을 창조하신 전능한 하나님 아버지에 대한 믿음을 계승하였다. (2)또한 우리를 구원하기 위해 이 땅에 오신 하나님의 유일하신 아들, 예수 그리스도에 대한 믿음과 (3)선지자들을 통해 하나님의 섭리를 전파하시는 성령님에 대한 믿음을 이어왔다. 교회는 이 믿음과 가르침을 한 몸처럼 힘써 지켰으며, 한마음과 영으로 이것을 믿었다. 그리고 하나의 목소리가 되어 이 진리를 선포하고 가르치고 전파하였다. 그래서 세계 각지의 언어가 다름에도 불구하고 그 전통에 대한 의미는 어디서나 동일하다.[3]

위 신앙의 핵심 교리는 두 가지 기능을 했다. 첫째, 교육적 기능이었다. 이는 새로운 신도들을 위한 교리적 기초가 되었다. 세례 교육 기간에 초신자들은 이 신앙고백의 핵심 3

가지와 그 의미를 이해하고 기억하도록 가르침을 받았으며, 잊어버리지 않게 마음에 새겼다. 이렇게 모든 성도는 성경에 대한 기본적인 교육을 받았고, 문맹인 신도들도 이해할 수 있을 만큼 쉬우면서도 명확했다. 이 교육을 받은 이들은 말씀을 통해 아버지와 아들과 성령, 즉 세 분이면서 한 분이신 삼위일체 하나님을 만나게 된다. 또한, 그들은 하나님이 역사하시는 공간으로써의 이 세상(하나님은 우리가 사는 세상을 창조하셨고, 그 안에 내재하고 계시며, 죽음에서 부활하심으로 완전히 회복하신다)을 경험하게 된다. 이것이 초대교회 성도들이 교리문답 속 신앙고백을 통해 믿음을 세워가는 과정이었다.

두 번째 기능은 '핵심 교리' 그 자체가 가지고 있는 성례^{聖禮}로서의 기능이었다. 신앙고백은 세례를 받기 전 교리문답을 위해 사용되었을 뿐만 아니라, 세례식 그 자체였다. 한 성도가 예수 그리스도의 제자가 되고 교회의 일원이 되기 위해서는 세 번의 충성 서약이 있어야 했다. 세례는 하나님의 생명에 세 번 잠겨 들어가는 행위였다. **"세례는 성령에 의해, 아들을 통해, 아버지 하나님께로라는 3가지 표현들을 통해 이루어진다. 그리고 이 고백이 우리의 거듭남을 확정한다."**[4] 신앙고백에 사용된 말들에는 능력이 있다. 마치 요트의 이름을 짓거나, 내기를 하거나, 결혼 서약을 하는 것처럼 실행력이 있다. 세례식이 진행될 때, 그 고백의 말들을 내뱉는 순간마다 무언가가 생겨난다. 머리 위로 부어지는 거룩한 물 못지 않게, 신앙고백의 단어 하나하나가 세례를 완성해간다. 이 고백을 통해 성도는 예수 그리스도의 제자가 되고 그분의 공동체의 일원이 된다.

따라서 신앙고백으로서의 사도신경은 유익하고 실천적이면서, 또한 교육적이고 신성한 의식儀式이다.[5] 사도신경은 기독교적 가르침의 정수이자 엄숙한 충성의 서약이다. 그래서 이 두 가지 기능은 구분될 순 있어도 분리될 수는 없다. 교리 문답을 통해 우리는 세례 서약이 갖는 의미를 이해하고 진정한 헌신으로 나아가게 된다. 그리고 하나님과 이 세상에 대한 깊은 생각과 통찰을 할 수 있게 된다.

오늘날에도 사도신경은 그리스도인들의 정체성과 세계관에 강하면서도 유연한 영향을 미치고 있다.

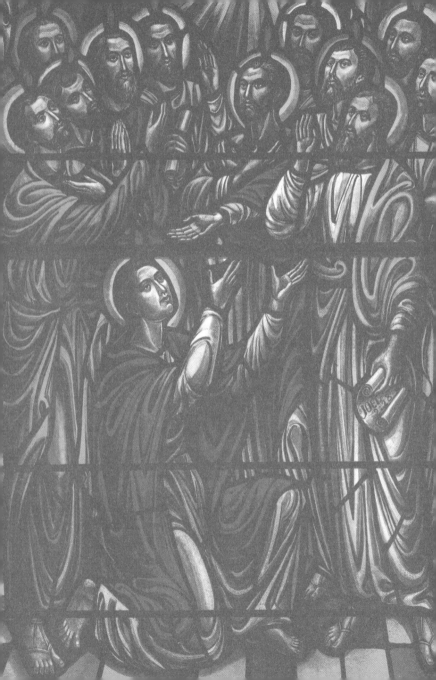

1장

나는 전능하신 아버지 하나님,
천지의 창조주를 믿습니다.

"나는"

사도신경의 첫 마디는 '나는'이다. 아마도 전체 사도신경 중에 가장 이상한 부분일 것이다. 이 '나'는 누구일까? 누구의 목소리로 말하고 있는 것일까?

한번은 주례 없이 신랑 신부가 직접 쓴 결혼 서약서를 낭독하던 결혼식에 참석한 적이 있다. 최근 유행하고 있는 새로운 결혼식 트렌드였다. 예전에는 언제나 "검은 머리가 파뿌리 될 때까지…"라는 주례사로 시작하던 것이 결혼식 문화의 오랜 전통이었다. 당시 신랑 신부는 결혼 서약을 할 때도, 자신들의 느낌이나 감정을 잘 표현하지 않았다. 자신들만의 개성 있는 언어를 사용하기보단 그저 부모와 조상들의 엄숙하고 오래된 결혼 서약의 표현을 답습했다.

그러나 오늘날 우리는 옛것에 대해 대체로 회의적이다. 단순히 전해 내려오기만 하는 모든 것에 대해 우리는 회의적이다. 다만 적어도, 우리 스스로 직접 보고 만든 것을 우리가 가장 신뢰한다는 것만은 확실하다.

이와 같은 관점에서, 오늘날 기독교인들 중에도 사도신경에 대해 미심쩍어하는 경우가 의외로 많다. 상당수 교회가 신앙고백보다는 자체의 사명선언문에 더 익숙하다. 그러나 사명선언문은 언제나 자신의 목적을 이루기 위해 만들어진다는 것에 주의해야 한다. 이는 마치 자신만의 고유한 결혼 서약서를 쓰는 것과 같다.

여기에는 모순이 존재한다. 개인화된 신앙고백은 오늘날의 개성 넘치는 결혼 서약과 같다. 나만의 특별한 결혼 서약을 통해 자신의 사랑과 감정을 표현하려는 것만큼, (아이러니하게도) 외부의 영향을 받기 쉬운 것이 또 있을까? 결혼식은 중대한 행사이기에, 더욱 특별하게 만들고 싶다. 하지만 결혼식에 개성을 더하면 더할수록, 의외로 그 결혼식은 더 시시하고 진부한 것이 되어버린다. 트렌드만 강조하다 오히려 뭘 입은 것인지 모를 패션모델처럼, 정작 예식의 본질과 품격을 놓칠 수 있다. 대부분 회사에 하나씩은 있는 사명선언문 또한 마찬가지다. 비록 각자 특색이 있다고 주장할지 몰라도 우리에겐 그저 세상 모든 회사에 있을 법한 일반적인 직장 내 목표일 뿐이다. 비슷하고 식상하게 들린다. 오늘날의 교회에서도 이와 비슷한 일들이 많이 일어난다고 생각한다. 더 특별하고 독특해지려 하면 할수록 오히려 남들과 똑같아 보이게 된다. 결과적으로 개성이라는 것 또한 주변의 영향을 받아 서로 비슷한 소리를 주고받다 사라지는 메아리에 불과하다.

이와 대조적으로, 사도신경을 고백하는 것은 전혀 다른 관점을 갖는 것이다. 우리는 사도신경을 고백할 때, 그저 자신의 관점이나 우선순위를 표현하는 것이 아니다. 사도신경을 고백한다는 것은 수 세기에 걸쳐 모든 민족과 언어를 가로지르는, 하나의 위대한 공동체적 목소리에 동참하는 것을 의미한다. 이때 우리는 시간과 공간을 초월한 공동체의 일부가 되고, 이는 세상으로부터 비판적 거리를 두게 한다. 따라서 우리의 목소리는 더 이상 이 세상의 메아리가 아닌, 사회와 문화를 넘어 무언가를 향해 발하는 거대한 울림이다.

"나는 믿습니다"라고 우리가 고백할 때, '나'는 누구일까? 그것은 그리스도의 몸이자 깃발을 세우고 행진하는 군대와 같이(아 6:10), 역사를 가로질러 뻗어 나온 단 하나의 위대한 공동체의 일원으로서의 '나'이다. 그리스도의 제자 된 모든 성도는 물속에 뛰어들어 "나는 믿습니다!"를 세 번 외친다. 이 순간, 자신의 '개인적인' 믿음을 고백하기 위해 초대받은 사람은 아무도 없다. 오로지 자신의 이면에 있는 실재와 마주하고, 개개인의 목소리를 넘어 전^全 공동체적인 고백에 참여하도록 부르심을 받았다.

가장 진실하고 중요한 고백은 개인이 아닌 공동체로서의 고백이다. 인생에서 사용하는 말들의 대부분은 사소하고 순간적인 것들뿐이다. 그것들은 내 입술에서 떨어지자마자 낙엽처럼 바람에 날려 사라져버린다. 그러나 신앙고백에 있어서 나는 진실한 것만 말하도록 부르심을 받았다. 공동체적 고백을 통해, 개인적인 '나'가 그리스도의 몸의 지체로서의 '나'가 되어야 한다. 그때가 바로 나의 가장 깊고 중요한 무언가를 고백하는 때이며, 비로소 나의 고백이 영적 뿌리를 내리게 된다.

"믿습니다"

정치인들이 무언가를 약속할 때, 우리는 그들이 실제로 그 약속을 지킬 것이라고 기대하지 않는다. 정치인의 약속이란 다른 어떤 목적을 이루기 위한 하나의 방편일 뿐이라는 사실을 우리는 잘 안다. 그렇다고 사람 간의 약속을 모두 냉소적으로 바라볼 필요는 없다. 우리 또한 내가 한 말을 지킬 자신이 없을 때가 종종 있다. 우리는 결혼 서약서에 서명한 후, 평생 그 서약을 지킬 것을 엄숙히 약속한다. 그러나 때로는 상처받을지도 모를 진실을 마주하게 될 때, 감당할만한 성숙함이 없다면, 깨어진 약속으로 인한 충격과 슬픈 경험들로 인해 점차 우리는 타인을 신뢰하는 능력을 잃게 될지도 모른다.

그럼에도 우리는 사도신경을 고백할 때, 우리의 생명이 믿

음에 기초한다는 것을 다시금 떠올리게 된다. 초대교회의 성
도들은 벌거벗은 채로 세례를 받았다. 이는 처음 태어났을
때의 모습과 같은 것이다. 자신의 생명 외에는 아무것도 가
진 것이 없는, 완전히 의존적인 상태로 세례를 받는다. 그리
고 삼위일체의 하나님에 대한 완전한 신뢰를 담은, "나는 믿
습니다!"라는 세 번의 외침은 탄생을 알리는 아기의 첫 울음
소리와도 같다.

A.D. 4세기 말, 북아프리카의 위대한 신학자 아우구스티
누스St. Augustine(354~430)는 믿음 없는 삶도 존재할 수 없다
고 강조했다. 실제로 우리가 세상에 대해 알고 있는 것들의
대부분은 다른 누군가의 말에 근거해 믿는 것들이다. 우리는
세계 역사 속의 사건들이 정말로 일어난 일인지 일일이 다
확인할 수 없다. 다만 과거로부터 전해진 증언들을 의심 없
이 받아들일 뿐이다. 마찬가지로, 우리는 지도에 나와 있는
지역이 실제로 존재하는 곳인지 확인하겠다고 모든 장소를
다 찾아가 보지 않는다. 단지 이미 그 지역을 다녀온 사람들
을 통해 그 지역이 존재한다는 것을 믿는다. 쉬운 예로, 나는
내가 생기는 순간을 목격하지 못했다. 하지만 아버지가 누구
인지 알고 싶을 땐, 어머니에게 가서 물어보고 그 말을 믿고
기꺼이 사실로 받아들이면 된다. 나는 내가 직접 증거를 찾
으려 하기보다는 어머니를 신뢰하는 것을 선택할 것이다. 만

약 내가 팩트체크를 하겠다고 설쳐댄다면 오히려 가족 간의 신뢰를 깨뜨리게 될지도 모른다. 오직 믿음을 선택할 때, 인간은 인간으로서 생육하고 번성할 수 있다. 아우구스티누스는 이렇게 말했다. "믿음 없이, 우리가 이 세상에서 할 수 있는 것은 아무것도 없다."[6]

물론 세상 모든 가정이 사랑과 신뢰가 넘치는 안식처는 아니다. 세상 모든 부모가 믿고 의지할만한 가치가 있음을 보여주는 것도 아니다. 하지만 아우구스티누스의 요지는 우리가 혼자서 모든 것을 증명해낼 수는 없다는 것이다. 사회생활은 믿음의 씨실과 날실로 함께 엮여 있다. 만약 내가 정말로 아무도 믿지 못하겠다면 차라리 세상을 등지고 산속에 들어가 'TV 속 자연인'과 같은 삶을 사는 게 나을 것이다. 그러나 그 후에도 계속해서 나는 내가 완전히 이해하거나 발명하지 않은 도구와 기술에 의존해 살아가야 할 것이다. 여전히 다른 누군가가 해놓은 일들을 믿어야만 한다.

인생의 비극은 인간이 항상 전적으로 신뢰할 수 있는 존재가 아니라는 사실에서 비롯된다. 그럼에도 우리는 여전히 믿음 없이는 살아갈 수 없다.

복음gospel은 우리에게 온전히 신뢰할 수 있는 하나님의 약속에 관해 이야기한다. 그러나 인간인 우리가 그 약속을 검증할 수 있을까? 놀랍게도 아우구스티누스의 대답은 "예Yes"

이다. 시간이 흐르면서 우리는 하나님의 약속이 믿을만하다는 것을 배우게 된다. 하나님의 신실함은 경험으로 입증된다. 그러나 우리는 검증과 이해에서 출발해선 안 된다. 순전히 믿는 것에서 시작해야 한다. 믿음은 경험으로 이어지고, 경험은 다시 하나님의 신실하심에 대한 깨달음으로 이어진다. 그래서 아우구스티누스는 이렇게 말했다. "이해할 수 없다면 믿어라, 그리하면 이해하게 될 것이다."[7]

그렇다고 그리스도인의 믿음이 사리 분별없이 일단 덮어 놓고 믿고 보는 맹목적인 신앙을 의미하진 않는다. 이것은 당신이 한 번도 먹어본 적이 없는 요리를 맛보는 것과 같다. 다른 사람들이 그 요리를 즐기는 것을 봤거나, 리뷰를 읽었거나, 당신이 분명 좋아할 것이라는 쉐프의 강력한 추천이 있었다고 하자. 이런 것들이 믿을만한 좋은 판단 근거는 되겠지만, 결국 직접 먹어보기 전까지는 확실히 알 수 없을 것이다. 시편 저자는 이렇게 말했다. "너희는 여호와의 선하심을 맛보아 알지어다(시 34:8)." 믿음이 먼저다. 믿음을 통해 확신을 얻게 되며, 다시 더 깊고 풍성한 믿음으로 나아가게 된다.

사도신경은 내가 직접 보거나 확인할 수 없는 신비로운 일들에 관해 이야기한다. 나는 창조주이신 하나님을 믿는다. 나는 창조하신 세상 가운데로 성육신하신 하나님, 예수 그리스도를 믿는다. 나는 보이지 않아도 임재하시어 피조물을 변화시키시는 하나님, 성령님을 믿는다. 그러나 어떻게 내가 이 고백들의 진실을 입증할 수 있었을까? 어떻게 확신할 수 있었을까? 믿음의 첫걸음을 내디딘 순간부터, 나는 하나님의 약속이라는 렌즈를 통해서 세상을 바라보기 시작했다. 나는 이제 '믿음'이라는 새로운 세상 속에서 살아간다. 그리고 하나님은 '그분의 약속만큼이나' 선하시다는 것을 날마다 배우고 있다.

"아버지 하나님"

우리는 하나님을 어떤 분으로 믿는가? 사도 신경은 성경에 기록된 대로 '아버지'라 고백한다. 그리스도인들은 계시 된 하나님의 말씀에 따라 그분을 아버지라고 부른다. 철학적 고민이나 추측에 근거한 것이 아니다. 예수님은 우리에게 하나님이 당신의 아버지이심을 드러내셨고, 하나님과 자신을 부자 관계로 소개하셨다. 또한 그분을 따르는 이들도 그와 같은 관계로 초대하셨다. 그분은 하나님을 "내 아버지 곧 너희 아버지"(요 20:17), 그리고 "너희 하늘 아버지"(마 6:14)라고 말씀하셨다. 예수님은 제자들에게 기도를 가르치실 때, 제자들이 자신과 같은 위치에서, 같은 방식으로 "우리 아버지"(마 6:9)라고 부르게 하셨다.

예수님과 하나님의 관계는 특별하면서도 포용적이다. 예수님은 하나님을 "아빠 아버지"(막 14:36)라고 부르신다. 예수님을 따르는 이들 또한 하나님과의 특별한 관계에 들어서게 된다. 그리고 성령님이 주시는 감동을 통해 예수님과 같은 방식으로 기도하게 된다(롬 8:15-16). 세례를 통해 삼위일체의 하나님과 하나가 된다는 것은 이러한 의미이다. 성령으로 우리는 예수님의 생명과 하나 되며, 그분과 나란히 하나님 앞에 설 수 있게 된다.

우리는 마치 우리가 예수님인 것처럼 하나님께 말하고, 하나님도 그런 우리를 예수님 대하듯이 귀 기울여 들어주신다. 예수님은 하나님의 독생자이시고, 우리는 은혜로 하나님의 자녀가 된 자들이다. 그분이 하나님의 아들로 태어난 분이라면, 우리는 입양된 자녀와 같다. 따라서 우리가 하나님을 '아버지'라 고백할 때, 그것은 신학적 개념이 아닌, 우리와 하나님의 관계를 규정하는 고백이다. 우리가 하나님을 '아버지'라고 부르는 이유는 예수님께서 하나님을 그렇게 부르셨고, 똑같은 자리로 우리를 초대해주셨기 때문이다. 다시 말해, 우리가 하나님을 '아버지'라고 부를 수 있는 유일한 근거는, 예수님이다.

오늘날 일부 기독교인들은 하나님을 아버지라고 부르는 것에 대해 불편해한다. 남성우월주의적 관점을 더 강조하는 것이 아닐까? 하나님에게 성별의 구분이 있다는 의미인가? 아버지라는 표현이 저 하늘 너머에 사는 수염 기른 할아버지와 같은 이미지를 연상시키는 것은 아닐까? 이러한 질문들은 다양한 사상에 젖은 요즘 젊은 친구들이나 하는 고민처럼 들릴지도 모르겠다. 하지만 이미 초기 기독교 교사敎師들에게도 이런 질문은 매우 예민한 문제였다. 그들은 성경이 '아버지'라는 단어를 성性적 의미를 뛰어넘어 어떤 개념으로 사용하는지 설명하고자 애썼다. 사실 이것은 신神에 대한 고대 이교도들의 사상과 기독교 신앙을 구분 짓는 요소 중의 하나였다. 당시 그리스와 로마의 신들은 다양했다. 일부는 남성이었고, 일부는 여성이었으며, 그들은 격정적이고, 성급하며, 정욕적이고, 예측 불가능했다. 그리스와 로마의 신들은 언제나 변덕스러웠다.

초기 기독교 교사들은 복음이 말하는 하나님과 그리스 로마 문화의 신들을 구별하는데 주의를 기울였다. 이교도의 신들은 다수이지만, 이스라엘의 신은 언제나 하나님 한 분이시다. 이교도의 신들은 쉽게 분노하지만, 참이신 하나님은 변함없으시기에 온전히 신뢰할 수 있다. 이교도의 신들은 욕망에 쉽게 휩쓸리지만, 참 하나님은 어떠한 사욕도 없이 인류의 선을 추구하신다. 이교도의 신들은 인간을 제멋대로 다루지만, 참된 하나님은 우리의 최선을 기대하시는 한결같은 분이다. 또한, 이교도의 신들은 남성이거나 여성이지만, 진정한 신이신 하나님은 성별과 육체를 초월하신 분이다. 이 개념을 설명하기 위해 초기 기독교 교사들은 하나님의 '인간애'(philanthropia, 라틴어로 '박애주의')라는 특별한 용어를 사용하였다.

A.D. 4세기의 신학자 아타나시우스^{St. Athanasius}(295~373)는 이교도의 신들과 기독교 신앙을 구분함에 있어, 참이신 하나님은 "본질적으로 형체가 없고, 보이지 않으며, 만질 수 없는 분"이라고 주장하였다.[8] 4세기 말, 콘스탄티노플의 신학자이자 대주교인 나지안주스의 그레고리우스^{St. Gregory of Nazianzus}(329~389)는 '아버지'와 '아들'이라는 단어를 우리의 사고思考 내에서 '육체적 개념'을 배제하고, '훨씬 더 높은 차원의 의미'로 사용해야 한다고 가르쳤다. 그렇지 않으면 우리는 육체적인 방식으로 아들을 낳는 하나님을 상상하며 이교도적인 신앙으로 회귀하게 된다고 하였다. 우리는 '명칭에 얽매이지 말고, 있는 그대로'를 받아들여야 한다. 일반적인 가족 개념을 하나님께 적용할 수 없으며, 성별은 더더욱 마찬가지다. 그레고리우스는 성도들에게 다음과 같이 질문했다. "'신'이나 '아버지'라는 남성적인 용어 때문에 하나님을 남성이라고 생각하는가? 정말로 그렇게 생각하는가? 삼위일체를 뜻하는 '하나님^{Godhead}'이 그리스어로 여성형이기 때문

에 여신을 의미한다고 생각해야 할까?" 이런 조잡한 생물학
적 접근은 이교도적이지, 기독교적인 것이 아니다.[9]

그렇다면 '아버지'는 무엇을 의미할까? 기독교인들에게
'아버지'는 하나님과의 관계를 묘사하는 것일 뿐, 그 이상도
이하도 아니다. 그레고리우스는 "'아버지'는 어떤 실체나 역
할을 나타내는 것이 아니다. 단지 아버지와 아들 사이의 좋
은 관계의 존재 방식을 보여주는 것이다."라고 거듭 강조했
다.[10] 아버지는 생명의 원천이자 기원이다. 그리고 아들은 이
근원으로부터 나온다. 따라서 아버지와 아들 사이에는 본질
적인 관계성이 있다. '아버지'라는 단어에 대한 초기 기독교
의 가르침은 이것이 전부다. 성별에 대한 언어적 편견을 버
려야 한다. 그렇지 않으면 우리는 현시顯示하시는 하나님의
음성을 듣기보다, 우리의 편협한 사고思考로 하나님을 바라보
게 될 것이다. 아타나시우스St. Athanasius는 "모든 육체적 사고
는 이 문제에서 배제되어야 한다."라고 말했다.[11] 이는 그리
스도인들이 육체를 혐오한다는 뜻이 아니다. 우리가 상대주
의와 다원주의에 휩쓸려 분별하지 못하고 본질을 놓쳐서는
안 된다는 의미이다.

'아버지'라는 단어가 하나님으로부터 비롯된 관계를 나타
낸다면 우리는 여기서 한 가지 중요한 통찰을 얻을 수 있다.
삼위일체의 하나님은 '아버지'이면서 동시에 '아들'이시다.

'아버지'와 '아들'이라는 단어는 상호관계적 용어이다. 어느 쪽도 다른 한쪽이 없이는 존재할 수 없다. 이 단순하면서도 중요한 깨달음을 처음으로 생각해 기록으로 남긴 사람이 바로 A.D. 2세기의 테르툴리아누스^Tertullian(160~220)이다. "아버지는 아들을, 그리고 아들은 아버지를 만든다. … 아버지는 아버지가 되기 위해 반드시 아들이 있어야 하고, 아들은 아들이 되기 위해 반드시 아버지가 있어야 한다."[12] 우리는 하나님을 영원한 아버지라고 고백할 때마다, 영원한 아들의 실존實存 또한 마음속 깊이 새겨야 한다.

"전능하신"

요즘 세상에서 '권력'은 더 이상 듣기 좋은 말이 아니다. 이 단어는 대체로 좋지 않은 쪽으로 연결된다. 우리는 '권력'에 대해 이야기할 때, 보통 위험한 역학 관계나 강압적인 지배와 통제 시스템을 떠올리게 된다.

그러나 '힘'이나 '권력'에 대한 기독교의 가르침은 다르다. 초기 기독교인들은 하나님을 아이에게 젖을 물리는 어머니로 표현하곤 했다. 이러한 비유는 초대교회의 수많은 문헌과 설교에서 즐겨 사용되었다. 하나님과 우리의 관계는 강력한 통치자와 그에 복종하는 신하 간의 주종관계가 아니라, 엄마와 젖먹이 간의 관계와 비슷하다. 하나님의 능력은 우리의 위에 있을 뿐만 아니라, 우리 곁에 있고, 아래에 있고, 우리 안에 있다. 그 능력은 복종시키고 통제하는 권력이 아니라, 우리를 자유롭게 하고 무엇이든 가능하게 하는 힘이다. 아우구스티누스^{St. Augustine}는 이 신성한 힘을 "모성애, 어머니의 세심한 사랑 그 자체"로 묘사했다.[13]

하나님의 능력은 창조세계 어디에나 존재한다. 이는 세상에 수시로 개입하는 신화 속 신들의 권능과 다르다. 그것은 존재하는 모든 것에 담겨 있는 하나님의 신비이다. 이 세상의 문제들을 해결하는 유일한 방법일 뿐만 아니라, 이 세상을 존재하게 하는 근원이다.

만일 하나님의 능력이 제한적이거나, 산발적이거나, 예측 불가능한 것이라면, 우리는 결코 그분을 믿을 수 없다. 그런 불완전한 힘을 발휘하는 하나님이라면 올림포스^{Olympus}의 신들과 다를 바가 없다. 이러한 신은 이 세계의 조정자가 아닌 침략자이며, 원하는 것을 힘으로 강요하는 폭군일 뿐이다.

문제는 하나님의 능력을 제한하려고 시도하는 이들이 있다는 것이다. 만약 하나님의 능력이 '전능함'이 아닌 다른 여러 '능력들' 중의 하나에 불과하다면, 그 제한적인 '권능'은 또 다른 형태의 통제나 조작을 가져온다. 오직 완전히 자유롭고, 완전한 주권자이신 하나님만이 완전한 사랑과 인내와 관대함으로 이 세상과 관계를 맺을 수 있다. 창조세계에 존재하는 모든 생명체는 자신만의 고유한 능력과 에너지를 가지고 있기에, 이 세상의 권력은 분산되어 있다. 그러나 하나님은 이러한 힘들과 경쟁하실 필요가 없다. 모든 권력은 하나님으로부터 나오며, 하나님의 능력 없이 피조물은 한순간도 생존할 수 없기 때문이다. 하나님의 능력이 모든 피조물을 지탱하고 길러주는 힘의 원천이다.

진정한 힘은 누군가를 지배하는 능력이 아니다. 타인의 행동을 통제하려는 것은 나약함과 불안감의 표시이다. 좋은 부모의 적절한 '권위와 돌봄' 없이 자란 아이들은 부모와 자기 자신에 대해 부정적인 가치관을 갖기 쉽다. 반대로, 진정한 능력은 거리낌 없이 사랑하고 모든 것을 가능하게 하는 힘이다. 하나님의 능력은 좋은 부모나 스승이 가진 힘처럼, 누군가의 성장에 밑거름이 되고 자유로운 선택을 해나갈 수 있도록 돕는 힘이다. 따라서 하나님의 주권도 인간의 자유를 보장하는 것이지 위협하려는 것이 아니다.

사도신경을 통해 우리는 세 가지 위대한 사실을 고백한다. 하나님께서 사랑으로 이 세상을 창조하신 일. 하나님께서 사랑으로 한 여인의 자궁 안에 들어가 예수 그리스도를 통해 세상의 일부가 되신 일. 그리고 성령 하나님께서 성도들의 삶을 통해 사랑으로 이 세상을 변화시키시는 일. 이들 모두 하나님의 능력으로 말미암은 것이다.

모든 면에서 하나님의 능력은 숨겨져 있다. 영국의 신학자 사라 코클리^{Sarah Coakley}(1951~)는 이를 "부드럽고 다정한 전능함"이라고 불렀다.[14] 하나님은 천지창조의 과정에서도 보이지 않는 전능자셨으며, 동정녀의 자궁 안에서도, 무덤의 어둠 속에서도, 그리고 성도들과 그들의 공동체적 삶 가운데서도 보이지 않는 전능자로 역사하신다.

부드러우면서도 모든 것을 포용하는 이 전능하신 능력으로 인해 세상은 존재하며, 우리는 자유를 누린다.

"천지의 창조주"

A.D. 2세기 당시, 기독교 교사들은 신도들을 교육함에 있어, 이단^{異端}적 가르침의 도전을 수없이 많이 받았다. 그래서 그들은 자신의 믿음과 하나님께 받은 언약을 분별하고자 애썼다. 그 당시 사회 문화적 분위기를 지배하던 사상 중 하나는 영적 비관주의였다. 이 사상에 심취한 사람들은 물질세계가 본질적으로 악해서 당연히 구원받을 수 없다고 여겼다. 그들은 육신의 세계에서 벗어나 영적인 깨달음을 얻기를 갈망했다.

A.D. 2세기의 영향력 있던 교사인 마르키온^{Marcion}(?~ 160, 말시온으로도 불림)은 물질세계가 사악하고 무능한 신에 의해 창조되었다고 주장하였다. 마르키온은 특히, 인간의 육체를 "똥으로 가득 찬 고깃덩어리"라고 부를 만큼 매우 혐오

했다. 일부 영지주의자들처럼 그는 성관계도 소름 끼쳐 했으며, 출산도 마치 괴물 보듯 했다. 마르키온의 추종자들은 성관계, 결혼, 육아에 대해 매우 금욕적인 삶을 살아야 했다. 육체적인 결합은 해체되고, 오직 영적 유대만이 가치 있게 여겨졌다.[15]

당시 부흥하던 기독교 운동에 대한 도전은 마르키온의 교리만이 아니었다. 2세기에는 영지주의(문자 그대로 '그 이름을 아는 자들')라고 알려진 여러 영성 종파들이 급증했다. 영지주의 교사들은 자신들이 우주와 영혼에 관한 숨겨진 지식을 가지고 있다고 주장했다. 그들은 물리적 세계가 열등한 신에 의해 창조되었으며, 구원은 숨겨진 지혜를 깨달아 이 물질세계를 벗어남으로써 이루어진다고 가르쳤다. 영지주의 교사들의 가르침은 매우 다양했지만 공통적으로, 신神을 선한 구원자와 악한 창조주로 나누고, 악한 세상에 속한 육체를 인간의 선한 영혼으로부터 분리하는 이원론적 세계관을 주장하였다.

세례식에서의 신앙고백은 이러한 영지주의적인 교리와 이를 부추긴 시대적 상황에 대응하는 과정에서 만들어진 측면이 있다. 처음부터 창조에 대한 기독교의 관점은 긍정적이다. 요한복음은 "태초에…"(요 1:1, 창 1:1)라는 첫마디로 이스라엘의 창조 이야기를 다시 들려주는 것부터 시작한다. 예수님을 따르는 이들은 예수님 안에서 창조의 원천이 되는 능력을 보게 된다고 믿었다. 그들은 '모든 것이 누구에 의해 만들어졌는지'(요 1:3) 알게 되었다. 또한, 그들은 예수님의 모습을 통해 현실 세계의 청사진을 보았고, 모든 피조물을 향한 하나님의 선하신 계획을 이해하게 되었다.

이 세상을 긍정하는 믿음으로 세례를 받는다는 것은 당시의 문화적 흐름에 저항하는 영적 행위였다. 초기 기독교인들은 세상 것이면 무엇이든 처음부터 악하다는 관점을 거부했다. 그들은 예수님을 통해 알게 된, 선하고 지혜로우신 하나님에 의해 이 세상의 모든 것이 만들어졌다고 고백했다.

악의 문제에 대한 영지주의적 견해는 상당히 매력적이었다. 세상에는 왜 이렇게 많은 악들과 고통들이 존재할까? 영지주의 교사들은 세상이 사악한 신의 작품이고, 따라서 창조의 중요한 요소가 결핍되어 있기 때문이라고 주장하였다. 악의 문제에 관한 이와 같은 답변은 얼핏 그럴듯해 보이지만, 오히려 더 심각한 문제를 일으킨다. 최근에 내가 불미스러운 일로 인해 고통스러운 시간을 보냈다고 하자. 이런 상황에서 영지주의적 관점을 받아들이게 되면, 자기 자신을 견딜 수 없을 만큼 부정한 존재로 여기게 된다. 이전까지 나는 세상이 '집'인 줄 알고 살아왔다. 그래서 모든 부조리한 것들에 저항하고 바꾸고자 애써왔다. 하지만 더 이상 세상은 나의 집이 아니라는 사실을 깨닫게 되었다. 나는 모든 생명체의 삶, 인간 사회 속에서의 삶, 그리고 나 자신의 인생으로부터 근본적으로 소외당했다. 이제 세상은 내가 도망치고 싶은 곳이자 나의 갈망하는 것들을 파괴하는, 압도적으로 적대적인 곳이다. 나의 영혼은 이러한 세상에서 외롭게 타오르는 선한 불꽃이다. 나는 악의 문제에 대한 해결책을 찾고자 몸부림쳤으나, 결국 자신의 몸을 포함한 세상 모든 것이 사탄의 광활한 감옥임을 경험할 뿐이다.

이것이 고대 영지주의자들이 세상을 바라보는 관점이었다. 영지주의는 카펫 위에 붉은 포도주 자국을 보고는, 나머지 바닥도 포도주로 덮어버리는 것 외에 다른 어떤 방법도 생각할 줄 모르는 사람과 같다. 얼룩은 더 이상 보이지 않겠지만, 그 대가는 무엇일까? 영지주의는 모든 것을 악한 것으로 치부해버림으로써 악의 문제를 해결하고자 했다.

이러한 부정적인 세계관과 대조적으로, 초기 기독교 교사들은 모든 피조물은 선하다고 주장하였다. 좀 더 정확하게 말하자면, '악'은 전혀 존재하지 않는다는 것이다. 악한 것은 없고, 오직 선하신 하나님께서 창조하신, 선한 것들만 있을 뿐이다. 다만, 자신의 온전한 모습을 유지하지 못하거나 자기 본성과 목적에서 멀어질 때, 그 피조물은 '결함 있는' 상태가 된다. 즉, 악이란 피조물의 본성에 있어 필수적인 것에 대한 결핍 정도를 드러내는 지표이다. 기타^{Guitar}는 튜닝이 어긋나면 나쁜 소리를 낸다. 즉, '악'은 부정적 자질이 아니라 단지 '결핍'일 뿐이다. 고대 교회가 즐겨 사용했던 예화로 설명하자면, 어둠이 빛의 부재를 나타내는 것처럼 악은 선한 자질의 부재를 의미한다. 결론적으로 악은 결코 창조주의 탓이 아니다. A.D. 4세기 갑바도기아^{Cappadocia} 니사의 교부였던 그레고리우스^{St. Gregory of Nyssa}(330~395)는 이것을 이렇게 표현했다. "만일 어떤 사람이 대낮에 스스로 눈을 감았다면, 그가 보지 못하는 것이 태양의 잘못은 아니다."[16]

이는 악을 대수롭지 않게 여긴다는 말이 아니다. 악의 결과물은 언제나 현실적이고 파괴적이다. 그리고 우리는 그 과정 속에서 선^善의 상실 또한 경험한다. 홧김에 옆에 있던 꽃병으로 누군가를 쳐서 살인을 저질렀다고 가정해 보자. 꽃병은 원래 유용한 것이고, 내 팔의 근력도 하나님이 주신 선물이다. 그러나 잘못된 목적으로 사용하면 이 선한 것들이 악한 것들이 된다. 그리고 그 결과는 매우 현실적이다. 피조물이 자신의 자유의지를 사용하는 방법은 도덕 윤리적 판단의 문제가 될 순 있어도, 창조 자체가 선악을 판가름하는 문제는 아니다.

비록 이 세상에서 악한 일들이 많이 일어나지만, 기독교인들은 우리가 여전히 하나님께서 선하게 창조하신 세계 속에 살고 있다고 고백한다. 이 세상은 '치유가 필요한 병든 세상이지 파괴해야 할 악한 세상'은 아니다. 이것이 기독교와 영지주의의 결정적인 차이다.

종종 기독교 교리가 좁고 배타적이어서 받아들이기 어렵다고 이야기들을 한다. 그러나 진리인 창조세계를 대변하던 것이 기독교의 신조信條였다. 창조를 비난하고 육체를 폄훼하며, 물질세계로부터 탈출하려는 영지주의의 교리에 대해 단호히 '아니오No'라고 말한 것이 바로 사도신경이었다. 영지주의는 우주와 생명, 그리고 인간이 된다는 것이 무얼 의미하는지에 대해 폭넓게 논하는 것 같지만, 사실 이들의 관점은 너무나도 편협한 것이었다. 그래서 교회는 영지주의에 대해 '아니오No'라고 말함으로써, 하나님이 지으신 온 우주 만물에 대해 '예Yes'라고 말한다.

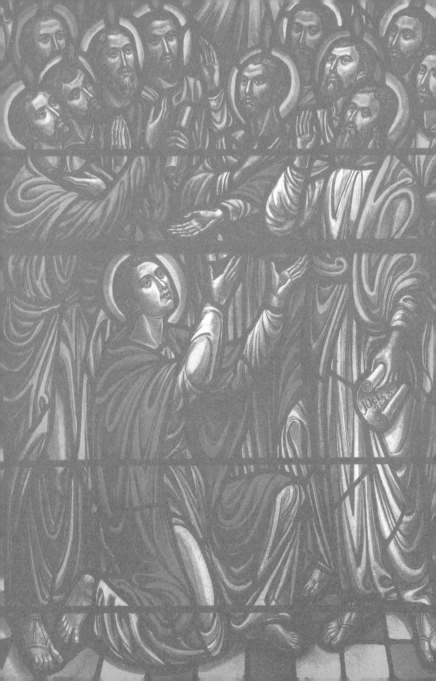

2장

그의 유일하신 아들,
우리 주 예수 그리스도

그는 성령으로 잉태되어
동정녀 마리아에게서 나시고,
본디오 빌라도에게 고난을 받아
십자가에 못 박혀 죽으시고,
장사된 지 (지옥으로 내려가셨다가)
사흘 만에 죽은 자 가운데서 다시 살아나셨으며,
하늘에 오르시어 전능하신 아버지 하나님
우편에 앉아 계시다가,
거기로부터 살아 있는 자와 죽은 자를
심판하러 오십니다.

"그의 유일하신 아들, 우리 주 예수 그리스도"

우리는 사도신경을 딱딱한 교리의 요약본이라고 생각하는 경향이 있다. 그러나 사도신경의 진짜 핵심은 교리가 아니라 하나의 이름, '예수 그리스도'이다. 고대의 세례문답이 체계화되기 전, 아마도 초기 기독교의 신앙고백은 "예수는 주^{Lord}"(Kyrios Iēsous; 롬 10:9, 고전 12:3), 단 두 단어에 불과했을 것이다. 이 오래된 고백은 세례 신앙의 영적인 심장 박동을 느끼게 한다. 사도신경 안의 다른 모든 고백은 마치 그 중심축에서 뻗어 나오는 바큇살처럼, 중심되신 예수 그리스도를 향한 개인적인 애정愛情과 완전한 충성忠誠으로부터 나온다.

기독교 신앙의 중심에는 그 어떤 사상이나 이론, 인생의 목표가 아닌 오직 한 사람의 이름, 예수 그리스도만이 있다.

우리의 신앙은 그분을 향한 애정 어린 갈망^{attachment}에서 비롯된다. 한참 후대의 기독교 신앙고백서^{信仰告白書}인 하이델베르크 교리문답^{Heidelberg Catechism}(1563)은 신앙에 대한 개인의 중심을 묻는 것으로 시작한다. "살아서나 죽어서나 당신의 유일한 소망은 무엇입니까? 나는 나의 것이 아니요, 살든지 죽든지 나의 몸과 영혼은 모두 나의 신실한 구원자, 예수 그리스도의 것입니다."

예수 그리스도를 향한 갈망은 분명 개인적이지만, 그렇다고 그것이 사^私적 영역에 국한된 문제인 것만은 아니다. 바울은 빌립보 교인들에게 언젠가 세상의 모든 권세와 능력이 예수의 이름을 부를 것이며, "예수 그리스도를 주^主"라 시인하게 될 것이라고 말했다(빌 2:9-11). 예수 그리스도를 주로 고백하는 것은 그분을 이스라엘의 하나님과 동일한 분으로 인정한다는 의미다. 구약에서 하나님은 야훼, 퀴리오스^{Kyrios}, 주님 등으로 명명되셨으나, 신약에서는 예수님이 그 이름을 지닌 분이셨다. 따라서 예수님을 주로 고백하는 것은 그분을 향한 마음^{loyalty}을 최우선에 두는 것이다. 예수님이 진정 야훼와 동일하신 분이라면, 창조와 역사, 그리고 모든 인생의 감춰진 진리가 되신다(골 1:15-17). 그래서 나는 오직 그분만을 '주님'으로 인정하기에, '나의 주'라 고백한다.

그러나 이러한 주장은 현대의 다원주의와 상대주의 신봉

자들에겐 무감각하게 들리거나 심지어 반감을 일으킬지도 모른다. 기독교인들이 때때로 억압과 불의를 정당화하기 위해, 땅끝까지 전파하라는 복음gospel의 보편성을 악용해왔던 것은 부인할 수 없는 역사적 사실(중세의 십자군 전쟁, 종교재판과 마녀사냥 등)이다. 그러나 본래, 예수 그리스도의 주되심Lordship의 메시지는 모든 사람에게 위로와 소망이 되는 기쁜 소식good news이다.

초대교회에서 예수님의 주되심에 대한 고백은 노예제도에 관한 생각을 바꾸기 시작했다. 당시 교회는 엄격하게 계급화되고 계층화된 사회 속에 뿌리내렸다. 남자와 여자, 부자와 가난한 자, 유대인과 이방인, 노예와 자유인 사이에는 분명한 구분이 있었다. 그러나 기독교 공동체는 이러한 사회적 차별을 받아들이지 않았다. 모든 성도가 세례를 받기 위해 같은 물가로 나와, 같은 주님을 고백하였다. 그들이 벌거벗은 채로 물속에 들어갈 때, 그 어느 누구도 부자와 가난한 자, 노예와 자유인의 구분을 요구하지 않았다.

바울은 성도들에게 기독교인이 된 그들의 노예를 "이 후로는 종과 같이 대하지 아니하고 … 사랑 받는 형제"로 맞이할 것을 권면하였다(몬 1:16). A.D. 4세기, 그레고리우스St. Gregory는 노예제도를 신랄하게 비판했다. 그는 오늘날의 개인의 자유와 권리의 개념을 전혀 알지도 배우지도 못했지만, 그럼에도 그는 노예제도가 잘못된 주종관계를 만든다는 것을 알았다. 노예제도는 한 사람을 다른 사람의 소유물로 만듦으로써, 오직 하나님께만 속한 주권을 인간이 침범하는 심각한 월권행위였다. 그레고리우스는 노예의 주인들에게 이렇게 말했다. "당신은 지금 당신 권한의 한계를 잊고 있다." 세상의 주인은 오직 하나님 한 분뿐이시며, 우리를 '노예' 삼지 않고 '자유'를 위해 부르신다.[17]

예수님이 온 우주 만물의 주인이시기에, 세상의 모든 권세는 제한적이고 일시적이다. 예수님이 주±되시기에, 사회적 차별은 언젠가 반드시 그 의미를 잃고 궁극적으로 사라지게 될 것이다. 모든 인간은 그 누구도 아닌, 오직 예수 그리스도께만 충성할 의무가 있으며, 그분 앞에서 우리는 진정으로 성聖과 속俗의 구분 없이 서로를 평등한 형제자매로 존중할 수 있게 된다.

물론 고대 노예제도는 한 번에 사라지지 않았다. 그러나 적어도 주인과 종이 나란히 서서 예수 그리스도를 주님이라 고백했을 때, 노예 시대는 저물기 시작했다. 초대교회 성도들이 물속에 들어가 그들의 입술로 예수 그리스도의 이름을 부르자 지각변동이 일어났다. 혁명이 서서히 일어나기 시작한 것이다.

"그는 성령으로 잉태되어"

누가복음은 마리아를 찾아와 소식을 전하는 천사의 이야기로 시작한다. "성령이 네게 임하시고 지극히 높으신 이의 능력이 너를 덮으시리라"(눅 1:35). 예수님 이야기의 시작은 또 다른 이야기의 시작을 떠올리게 한다. "태초에 하나님이 천지를 창조하시니라 땅이 혼돈하고 공허하며 흑암이 깊음 위에 있고 하나님의 영은 수면 위에 운행하시니라"(창 1:1-2).

천지창조는 마치 어미 새가 품은 알에서 병아리가 나오듯, 하나님의 영이 형체 없는 심연 위를 거니시다 무無에서 생명을 끌어내실 때 일어났다. 구약의 여러 저자들은 하나님의 숨결이나 영이 창조의 근원이라고 말한다. "주의 영을 보내어 그들을 창조하사 지면을 새롭게 하시나이다"(시 104:30).

천지창조 후 마지막으로 하나님께서 아담을 지으실 때, 사람
은 처음에는 생명이 없는, 진흙으로 만든 조각상에 불과하였
다. 그러나 하나님께서 그 진흙 속에 생기를 불어넣자, 살아
있는 존재가 되었다(창 2:7).

그래서 우리는 성령이 마리아의 자궁에 임재하실 때, 하
나님의 창조 작업이 다시 한번 일어나는 장면을 목격하게 된
다. 예수님은 하나님의 영이신 성령님의 창조적 숨결에 의해
탄생하셨다. A.D. 2세기의 교부인 히폴리투스^{St. Hippolytus}
(170~235)는 하나님의 아들이 동정녀의 태내에서 "스스로
처음 사람 아담을 새롭게 변화시키셨다."라고 말하였다.[18] 첫
번째 아담은 인류를 타락시켰다. 그러나 두 번째 아담, 인류
의 새로운 시작이자 우리를 생명과 기쁨으로 인도할 새로운
원형이 여기에 있다.

A.D. 3세기, 알렉산드리아 학파의 신학자 오리게네스^{Oregenes}
(185~254)는 예수님의 인성^{人性}이 하나님의 아들이라는 신성
^{神性}과 통합되는 원리를 설명하기 위해 고심하던 중, 한 가지
인상적인 이미지를 떠올렸다. 그는 불 속에 놓인 쇠붙이가
열로 시뻘겋게 달아오르는 모습을 그려보았다.

> 뜨거운 열로 붉게 달아오른 철은 불^火과 잘 분간되지 않
> 는다. 마치 불과 완전히 동화된 것처럼 보인다. 그리고

> 누구라도 그 달아오른 쇠붙이를 만지거나 다루려 한다
> 면, 철이 아닌 불의 힘을 느끼게 될 것이다. 불 속에 놓인
> 쇠鐵처럼, 인간이신 예수님의 영은 영원한 말씀과 영원한
> 지혜, 영원한 하나님 안에 있다. 곧 예수님은 행하고, 느
> 끼고, 이해하는 모든 것에 있어 동등한 하나님이시다.[19]

예수님은 분명 인간이시다. 한낱 쇳덩어리에 불과하다. 그
분은 또한 진정한 하나님이시다. 맹렬히 타오르는 불과 같
다. 예수님의 인성humanity은 그분의 신성divinity으로 인해 거룩
한 능력으로 가득 차 있다. 그분은 여자의 몸에서 태어났지
만, 하나님의 영으로 잉태되었다. 그분은 인간이면서 또한
하나님이시다. 그분은 철이며, 동시에 불이다.

이러한 설명 방식은 복음서에 나타난 예수님의 인성과 신
성에 관한 복잡한 내용을 좀 더 쉽게 이해하는 데 도움이 된
다. 복음서는 예수님을 하나님의 창조 에너지의 근원으로부
터 뻗어 나온 분으로 묘사한다. 그분은 모태에서부터 이미
성령으로 말미암아 잉태되셨다. 누가복음을 보면, 마리아의
태를 품고 계시던 성령님은 언제나 예수님을 만나러 오는 사
람들에게 나타나 감동을 주셨다. 마리아가 그의 사촌 엘리사
벳을 만났을 때, 엘리사벳의 뱃속에 있던 아기는 기뻐 뛰었
으며, 엘리사벳은 성령 충만함을 받았다(눅 1:41). A.D. 6세

기 시리아의 설교자 제이콥^{Jacob of Serug}(451~521)은 이 장면을 다음과 같이 묘사했다.

> 하나님의 아들이 성령을 주시니 … 아직 태중에 있던 아이가 성령의 세례를 받았다. 즉시 복중腹中의 아이가 다윗의 자손으로 오신 왕의 길을 예비하기 위해 말씀을 전하기 시작했다. 자궁 안에서 그 길을 예비하기 위해 기뻐 뛰놀며 재촉하는 아이로부터 새로운 메시지가 전해졌다.[20]

이 거룩한 영靈은 예수님의 겉옷을 만지고 즉시 고침을 받았던, 혈루병 걸린 여인에게 나타나셨던 성령님이시다(마 9:20-22). 이 성령님은 예수님이 무덤 속에 죽은 채로 누워 계실 때, 죽음을 몰아내고 그분의 몸에 생명을 불어넣으신 바로 그분이시다(롬 8:11). 그리고 이 성령님은 오순절 날, 혀 같은 불꽃으로 오셔서 겁에 질려 떨고 있던 예수님의 제자들을 두려움을 모르는 부활의 증인으로 변화시키신 분이다(행 2:1-4). 성령님은 예수님이 모태에 계실 때 곁에 머무셨던 것처럼, 지금도 예수님을 따르는 모든 사람과 함께 하신다.

예수님은 성령으로 잉태되셨으며, 성령을 통해 보내심을

받은 분이다. 성령 안에서 예수님은 모든 인류의 새로운 시작을 여셨다. 이것이 교회가 "그는 성령으로 잉태되어"라는 간결하지만 놀라운 선언을 하는 이유이다.

"동정녀 마리아에게서 나시고"

"그건 믿을 수 없어!" 앨리스가 말했다.

"안 되겠니?" 여왕은 측은한 어조로 말했다.

"다시 한번 해보자. 숨을 깊이 들이마시고, 눈을 감아봐." 엘리스가 웃으며 말했다.

"노력해 봤자 소용없어요. 불가능한 것을 믿을 수는 없다고요."

"나는 네가 충분히 연습하지 않아서 그렇다고 생각해." 라고 여왕이 말했다. "내가 네 나이였을 때는 하루에 30 분씩 연습했어. 왜냐면, 난 때로는 아침 식사 전에 여섯 가지나 되는 불가능한 것들을 믿었거든."[21]

– 이상한 나라의 앨리스 中 –

오늘날 동정녀 탄생을 이와 비슷한 시각으로 보는 기독교인들이 있다. 그들에게 동정녀 탄생 이야기는 전설이나 미신 등을 더 쉽게 믿던, 순진한 옛날 사람들의 이야기일 뿐이다. 사도신경의 다른 내용은 비교적 쉽게 설명이 되지만, 동정녀 탄생은 도무지 믿기 어렵다.

문제는 우리가 사도신경을 전반적으로 받아들이면서도 이 부분만 따로 떼어놓고 볼 때 시작된다. 이는 자전거를 한 번도 본 적이 없는 사람이 지나가다 자전거 체인을 발견한 것과 같다. "이건 무엇에 쓰이는 물건일까?" "무기일까?" "아니면 기이한 장신구 같은 것일까?" 그는 이 낯선 물건을 이해하려고 애쓸 것이다. 이때 체인만 봐선 안 된다. 체인이 자전거에서 작동하는 모습을 봐야 한다. 동정녀 탄생도 마찬가지다. 만약 이 사건만 따로 떼어놓고 본다면, 우리는 그것을 단지 놀라운 기적으로만 보거나 논리적 모순으로 단정 지어 버릴 것이다. 그렇게 되면, 마치 아침 식사 전에 불가능한 여섯 가지를 상상하고 믿기 위해 애썼던 여왕처럼, 동정녀 탄생을 믿기 위한 노력은 그저 단순한 노력으로만 남게 된다.

동정녀 탄생을 이해하기 위해서는 이와 같은 기적적인 출생 이야기가 성경 전체에서 어떤 중요한 역할을 하고 있는지 살펴볼 필요가 있다.

  이스라엘의 이야기는 아브라함과 사라에 대한 하나님의 약속에서 시작된다(창 12~17장). 하나님은 아이를 가질 수 없는 한 부부를 선택하신 후, 그들에게 큰 민족을 이루게 될 것이라 말씀하셨다. 사라는 이 약속의 말씀을 듣고 비웃었다. 그러나 마침내 사라는 90세의 고령임에도 아들을 낳았고, 아이의 탄생이 큰 기쁨이었기에 이름을 웃음(히브리어: 이삭)이라고 지었다. 사라는 자신의 몸이 정말로 아이를 낳을 수 있다고는 상상조차 할 수 없었고, 현실적으로도 불가능한 일이었다. 하지만 사라는 결국 약속의 자녀를 얻었다.

  이스라엘 이야기의 다음 중요한 전환점은 모세의 등장이다(출 2:1-10). 모세가 기적적으로 태어난 것은 아니지만, 큰 위기 속에서 기적적으로 생존한 사람이었다. 모세는 히브리인들의 사내아기는 모두 죽이라는 바로의 명령에서 간신히 살아남았다. 그는 갈대 상자 안에 담겨 강에 버려졌으나, 애굽 왕실의 공주에게 발견되어 입양되었다. 그리고 애굽 공주는 아기의 친모를 유모로 지명하여 그를 기르게 하였다. 이 이야기는 모세가 목숨을 건지고 애굽의 심장부로 은밀히 들어가 성장하게 되는, 하나님의 놀라운 섭리와 계획을 묘사하고 있다. 이 모든 일은 이스라엘 백성을 노예 생활에서 구원하려는 하나님의 예비하심이었다.

  이스라엘이 약속의 땅에 이르러서 왕을 세우기 전까지, 하나님은 사사를 정하시고 그들로 하여금 백성을 이끌게 하셨다. 가장 위대한 사사들 중 한 명인 삼손의 이야기 또한 기적적인 탄생 이야기로 시작된다(삿 13:1-25). 삼손의 어머니는 임신할 수 없는 사람이었다. 어느 날 한 천사가 찾아와 그녀가 아들을 낳게 될 것이며, 그 아이가 블레셋의 손에서 이스라엘을 구원할 것이라고 말하였다.

사사 시대가 끝나고, 선지자들과 왕들의 시대가 되었다. 이 시대 또한 아이를 낳을 수 없어 슬픔에 가득 찬 한 여인, 한나의 이야기로 시작된다(삼상 1:1-20). 하나님께서 그녀의 기도를 들어주셨고, 기적적으로 잉태하여 아들을 낳게 된다. 후에 그녀의 아들 사무엘은 이스라엘의 첫 번째 왕에게 기름을 붓는 첫 선지자가 된다. 사무엘의 기적적인 출생을 통해 선지자 계보가 시작되고, 이스라엘의 왕정 시대가 열리게 되었다.

역사의 큰 전환점마다 우리는 한 여인을 발견하고, 하나님의 강력한 약속에 따라 한 아이가 세상에 태어나는 것을 본다. 이것이 구약에 나타난 하나님의 방식이었다. 이스라엘의 이야기는 기적적인 탄생에 관한 이야기다.

후에 이스라엘 백성들은 약속의 땅에서 쫓겨나 바벨론의 포로로 끌려가게 된다. 이때가 이스라엘 역사상 가장 어두운 시대였다. 그러나 절망의 구렁텅이에서 선지자 이사야를 통

해 하나님의 약속이 다시 들려왔다. 이사야는 다가오는 구원
을 기적적인 임신의 기쁨에 비유했다.

> 임신하지 못하고 아기를 낳지 못한 너는 노래하여라.
> 해산의 고통을 겪어 본 적이 없는
> 너는 환성을 올리며 소리를 높여라.
> 아이를 못 낳아 버림받은 여인이
> 남편과 함께 사는 여인보다
> 더 많은 자녀를 볼 것이다. 주께서 하신 말씀이다.
> 너의 장막 터를 넓혀라.
> 장막의 휘장을 아끼지 말고 펴라.
> 너의 장막 줄을 길게 늘이고 말뚝을 단단히 박아라.
> 네가 좌우로 퍼져 나가고,
> 너의 자손이 이방 나라들을 차지할 것이며,
> 황폐한 성읍들마다 주민들이 가득할 것이다.
> – 중략 –
> 주께서 너의 모든 아이를 제자로 삼아 가르치실 것이고,
> 너의 아이들은 큰 평강을 누릴 것이다.
> (사 54:1-3, 13 표준새번역)

포로로 끌려간 이스라엘은 아무도 찾지 않는 작은 천막에

외로이 기거하는 가련한 여인과 같았다. 그러나 이제는 집을 넓히고 떠들썩한 가족들을 위한 공간을 준비해야 할 때가 되었다. 한 번도 진통을 겪어본 적이 없던 산모가 출산을 앞두고 있다. 하나님의 약속은 이렇게 선포된다.

이스라엘과 하나님 간의 언약이 성취되는 과정에서, 임신과 출산이 얼마나 중요한 역할을 했는지 찾는 것은 어렵지 않다. 하나님의 가장 중요한 계획은 아브라함의 자손들을 통해 모든 민족이 복을 받게 하는 것이다. 만일 히브리 여인들이 아이를 낳지 않았다면 그 약속은 실패했을 것이고, 세상은 사라져 버렸을 것이다. 임신과 출산은 뒤틀린 역사 속에서도 하나님의 약속을 성취해 내는 도구이다. 갓 태어난 아기들은 모두 하나님의 약속을 떠올리게 한다. 모든 히브리 남자아이는 할례를 통해 몸에 표식을 남기는데, 새겨진 할례는 그들의 몸이 단지 자신만의 것이 아니라 더 커다란 이야기를 써 내려가는 대본이라는 사실을 기억하게 한다.

이러한 맥락에서, 이스라엘의 구원자가 기적적인 임신을 통해 세상에 태어났다는 것은 그리 놀랄만한 일이 아니다. 누가복음에서 우리가 만나는 첫 번째 인물, 즉 엘리사벳은 임신할 수 없는 히브리 여인이었다. 엘리사벳은 삼손의 어머니처럼 천사의 방문을 통해 아이를 낳게 될 것을 약속받았다 (눅 1:5-25).

엘리사벳이 임신한 후, 우리는 그녀의 사촌인 마리아를 만나게 된다. 천사는 마리아에게도 그녀가 초자연적인 임신을 하게 될 것이며, 그 아이가 이스라엘을 향한 하나님의 약속을 성취할 것이라고 전하였다. 마리아는 순전한 신뢰와 기쁨으로 반응했다. 마리아의 찬가(눅 1:46-55)에 나타나는 기쁨은 사라가 이삭을 낳았을 때 그녀를 웃게 했던 기쁨과 똑같은 기쁨이다. 사무엘을 낳은 한나의 눈물을 닦아주었던 기쁨과도 같은 기쁨이다. 우리는 기적적인 아이의 탄생에 대한 놀라운 경험을 통해 이스라엘의 기쁨, 곧 하나님의 약속과 구원의 기쁨을 느낄 수 있다.

예수 그리스도가 처녀의 몸에서 태어났다는 고백은 신학적으로 조금도 기이한 것이 아니다. 우연히 일어난 기적은 더더욱 아니다. 그것은 우리의 믿음이 이스라엘 구원의 역사와 성경에 깊은 뿌리를 두고 있다는 것을 일깨워준다. 메시아가 온다는 사실이 새삼 새로울 것은 없었다. 다만 동정녀 탄생 사건은 이스라엘 백성을 신실하게 사랑하시는 하나님의 위대한 러브스토리의 클라이맥스였다. 우리는 예수님이 "동정녀 마리아에게서 태어나셨다"라는 고백을 할 때마다, 하나님이 아브라함에게 주신 약속, 출애굽 사건, 사사들을 통한 구원, 선지자들의 선포, 약속된 포로 귀환의 이야기들 속에서 그분의 모습을 엿볼 수 있다.

사도신경

역사는 힘이나 권력이 아니라 '약속과 신뢰'로 만들어진다. 세상적인 눈에는 보잘것없던 한 여인이 하나님의 약속에 기쁨으로 순종했을 때, 세상을 향한 하나님의 놀라우신 언약이 성취되었다.

"고난을 받아"

이쯤 되면, 당신은 사도신경이 이상적이고 완벽한 세계를 묘사하고 있다는 생각을 할지도 모른다. 천지를 창조하신 하나님께서 한 여인의 몸을 통해 이 세상에 오신 이야기. 여기까지는 딱히 무언가 껄끄러운 내용을 찾을 수 없다. 사도신경은 타락이나 원죄에 대해서 직접 언급하지 않는다. 그러나 이제 "고난을 받아"라는 고백과 함께, 우리는 모든 것이 좋기만 한 것은 아니라는 사실을 깨닫게 된다.

인간의 모습으로 세상에 오신 예수님은 격렬한 저항에 부딪히셨다. 피조물들은 그들의 창조주에게 등을 돌렸고, 사랑이 많은 창조주는 자신이 만든 세상에서 쫓겨나셨다. 세상의 재판관이 우리 가운데 오셨지만, 도리어 우리가 그분을 심판하고 십자가에 매달았다. "그가 자기 땅에 오셨으나, 그의 백성은 그를 맞아들이지 않았다."(요 1:11 표준새번역) 우리의 세계는 모든 것에 두 팔 벌려 환영하는 공간인 것 같다 – 하나님을 제외하고.

오늘날 일부 기독교 신학자들이 사도신경을 비판하는 주요 근거 중 하나는 예수 그리스도의 생애와 사역에 대한 언급이 거의 없다는 것이다. 사도신경은 사복음서의 대체물로 만들어진 것이 아니라, 복음서들을 더 잘 이해하기 위한 지침서로 만들어진 것이다. 우리는 예수님의 이야기를 읽을 때마다 그분이 여자에게서 태어나셨다는 것과 살과 피로 된 인간이셨다는 것을 기억해야 한다. 그리고 한 가지 더 명심해야 할 것은 그분이 그저 평범한 또 다른 누군가가 아닌 '하나님의 유일한 아들이자 우리의 주‡이시며, 살아 계신 하나님 그 자신'이라는 사실이다. 이것이 복음서를 충실히 읽고자 할 때, 사도신경을 통해 얻을 수 있는 가이드라인이다. 사도신경은 복음서들에 나오는 모든 내용을 다루지 않는다. 다만 더 커다란 이야기의 흐름을 보게 하고, 하나님의 아들이자 동시에 마리아의 아들, 즉 신성과 인성을 겸비한 예수님의 정체성에 우리의 관심을 집중시키고자 한다.

그렇다고 사도신경이 예수님의 탄생과 십자가에 달려 돌아가신 사건 사이에 발생한 모든 일에 대해 무관심한 것은 결코 아니다. 당시 초기 기독교인들 사이에서는 예수님의 생애를 '고난'이라는 단어 하나로 표현하곤 했었다. 우리는 복음서에서 "그리스도가 이런 고난을 받고"라는 표현과 마주치게 된다(눅 24:26). 누가는 사도 바울도 예수님에 대해 자신과 같은 방식으로 표현했다고 기록하고 있다 – "그리스도가 해suffer를 받고"(행 17:3). 신약의 후반부에는 '고난'이라는 단어가 예수님의 삶과 죽음을 비롯한 전 생애의 이야기를 상징하는 대명사가 되었다 – "그가 시험을 받아 고난을 당하셨은즉"(히 2:18).

물론 사도신경이 사복음서의 증언들을 계속 읽고 묵상하는 것을 대신할 수는 없다. 그러나 사도신경은 적어도 복음서에 대한 잘못된 해석을 방지하는, 믿음 가는 보호 장치이다. 초대교회 성도들은 복음을 접할 때, 예수님을 육체적인 삶에서 해방된 초자연적이고 영적인 존재로 받아들이고 싶은 유혹을 받곤 했다. 그래서 예수님을 인간으로 오신 하나님이시며, "육체의 고난을 받으신"(벧전 4:1) 분이라는 사실을 그들에게 상기시키는 일은 매우 중요했다.

오늘날 현대 기독교인들은 기복신앙에 더 쉽게 미혹될 수도 있고, 세속적인 만족과 성공을 강조하는 왜곡된 복음에 더 유혹받기 쉬울 수도 있다. 그러나 우리는 예수 그리스도의 고난에 동참하는 세례를 받았다. 예수님은 자신을 따르고자 하는 이들에게 승리의 면류관crown에 앞서, 십자가cross를 먼저 보여주신다. 그렇다, 우리는 예수님께서 누리시는 영광glory에 참여하기 위해, 그분이 겪으신 고난sufferings 또한 감당해야 함을 반드시 기억해야 한다(롬 8:17).

"본디오 빌라도에게"

우리는 기독교 신앙의 본질이 무엇인지 쉽게 잊어버리곤 한다. 기독교 신앙을 일종의 철학이나 인생과 세상을 바라보는 세계관 정도로 치부해버리기도 한다. 무신론자들과의 논쟁은 대체로 이 정도 수준에서 벌어진다. 기독교가 참된 진리라면, 무신론보다 더 설득력이 있어야 한다는 부담감을 우리는 가지고 있다. 또한, 기독교 신앙을 하나님에 대한 명확한 확신을 심어주기 위한 종교적 교리로 가정하기도 한다. 특히 학자들이나 학생들이 이러한 접근 방법을 취하기 쉽다. 우리는 항상 자신의 신념에 대해서 더 명확한 이해를 얻고자 노력한다. 그래서 이러한 믿음이 참이라면, 반드시 완벽하게 신학적 체계로 정리되어야만 한다는 부담감을 느끼게 된다.

어느 정도는 일리가 있는 이야기이다. 그러나 이러한 접근 방식은 기독교 교리가 일종의 학술이론이라는 인상을 주기 때문에, 오해의 소지를 불러일으킨다. 기독교가 만약 무수한 이론들 중 하나라면, 구원은 단순히 지적 탐구문제에 불과하게 된다. 이렇게 되면, 구원은 그저 잘못된 개념은 제거하고 올바른 이해를 얻고자 하는 논리에 관한 이야기가 되어 버린다.

사도신경은 교리와 밀접한 관련이 있다. 초대교회 교리문답의 목적은 신도들이 성경의 가르침을 명확히 이해하도록 돕는 것이었다. 그래서 사도신경에는 기저基底를 이루는 몇 가지 교리 패턴이 있는데, 먼저 **성부와 성자와 성령에 대한 믿음, 창조의 선하심과 구원에 대한 믿음,** 그리고 **최후 승리의 영광에 대한 믿음**이 그것이다. 그러나 신앙의 자세는 교리뿐만 아니라 특정 시간이나 장소에서 발생한 일련의 역사적 사건들을 통해서도 결정된다. 따라서 우리는 사도신경이 교리에 대한 개념과 사상만을 쭉 나열해놓은 목록이 아니라는 것을 알아야 한다. 사도신경의 중심에는 하나의 커다란 이야기가 있다.

역사상 가장 우유부단했던 인물 중 하나인 본디오 빌라도가 사도신경에 등장하게 된다. 20세기 신학자 칼 바르트Karl Barth(1886~1968)는 사도신경에서 본디오 빌라도가 등장하는 장면을 "멋진 방에 들어간 개"로 표현했다.[22] 하지만 아이러니하게도, 본디오 빌라도라는 이름은 사도신경의 역사적 사건들이 뜬구름 잡는 이야기가 되지 않도록 잡아주는 일종의 닻과 같은 역할을 한다. 사도신경에 언급된 일련의 사건들이 종교와 신앙이라는 이유로 세상 어디에나 흔히 있을 법한 이야기로 치부되는 것을 막아준다. 즉, 복음이 여러 이론과 사상들 중의 하나가 아니라 분명한 역사적 사실임을 일깨워준다.

기독교 세례에서 신앙고백은 하나의 이름, 곧 예수라는 이름에 초점을 맞춘다. 그리고 우리가 '예수 그리스도'라는 이름에 신학적 깊이를 더해 갈 때쯤, 사도신경은 또 다른 이름을 하나 더 덧붙인다. '예수 – 본디오 빌라도에게 고난을 받으신 분'. 우리가 역사상 가장 특별했던 이 순간을 기억하기 위해, 하나님께서 본디오 빌라도를 바로 그 자리에 두셨다. 인류 구원의 역사는 사실이다. 그리고 그 자리에 확실한 증인이 있었다.

기독교의 복음은 사상이나 신념이 아니라 외면할 수 없는 역사적 사실이다. 이론이 아니라 특별한 한 인간의 삶이다. 일반적인 원리원칙이 아니라, 본디오 빌라도에게 고난을 받은 예수라 이름하는 한 사람이다.

예수님이 이 이야기의 중심이시기에, 그리스도인의 영성

생활에서 사복음서를 꾸준히 읽는 것이 중요하다. 성도들은 모일 때마다 예수님에 관한 이야기를 읽고, 세례와 성찬을 재현함으로써 그분의 이야기에 함께 참여하고, 이를 통해 그분의 삶을 기억하고 기념한다. 기도할 때에도 예수님께서 제자들에게 가르치셨던, "우리 아버지 …"(마 6:9-13)라는 고백을 그대로 반복한다. 또 우리는 소외된 자, 가난한 자, 억압받는 자들을 섬길 때도 인간적인 연민과 동정으로만 봉사하는 것이 아니다. 복음서에 기록된 것처럼, 생생한 감동을 주시는 예수님의 삶을 모델로 삼는다. A.D. 4세기의 설교자 그레고리우스St. Gregory는 가난한 이들을 향한 사랑이라는 설교에서 그의 성도들에게 다음과 같이 호소하였다.

> 우리가 그리스도를 방문하여, 그리스도를 치료하고, 그리스도를 먹이고, 그리스도를 입히고, 그리스도를 환대하고, 그리스도를 영화롭게 하자. … 만유의 주님은 자비로우시며, 희생제물을 받지 않으시니 … 오늘날, 억압받는 가난한 자들을 섬김으로써 우리를 그분께 드리자.[23]

이는 마치, 새롭게 성도 된 우리가 복음이라는 드라마 속의 새로운 등장인물이 되어 각자의 배역을 맡는 것과 같다. 예수님은 여전히 살아 계시고, 그분의 이야기는 지금도 여전히 제자들의 삶 속에서 계속되고 있다. 우리는 복음을 마음 뿐만 아니라 삶으로도 읽는다.

실제로, 예수님에 대한 특별한 간증들은 성도들의 수만큼 이나 많고 다양하다. 그러나 각자의 간증들이 복음서에 서술 된 역사적 사실을 왜곡해서는 안 된다. 예수님의 이야기에 대한 우리의 반응은 각기 다를 순 있어도, 그 이야기 자체는 변하지 않는다. 동정녀 마리아에게서 태어나 본디오 빌라도 에게 십자가형을 선고받은, 바로 그 예수님이 언제나 중심에 있어야 한다. 교회의 모든 관습과 제도는 궁극적으로 예수 그리스도, 단 한 분에 대한 반응이다. 신앙의 모든 신비는 역 사적 사건에 뿌리를 두고 있다. 따라서 역사적 죄인 중의 한 명인 본디오 빌라도가 지금도 교회의 기억 속에 살고 있으 며, '십자가의 도'를 따라 세례를 받는 모든 사람에게 세상 끝 날까지 언급될 것이다.

"십자가에 못 박혀"

로마제국에서 십자가는 단순히 사형을 의미하는 것만은 아니었다. 십자가형은 대중 앞에서 수모를 당하는 치욕적인 형벌이었다. 십자가에 못 박힌다는 것은 그저 당신을 죽이겠다는 것만이 아니라, 동시에 당신을 욕보이겠다는 것을 의미했다. 오늘날 신약성경을 읽는 독자들은 십자가형에서 육체적 고통이 가장 극심할 것이라 생각할지도 모르겠다. 그러나 명예와 체면을 중시하는 문화에서는 심적 굴욕감이 육체의 고통보다 훨씬 더 심할 수 있다. 이스라엘의 시편에는 이런 굴욕적인 경험에 대해 노래하는 비탄시가 자주 등장한다. 시편 79편은 이웃 나라의 군대에게 약탈당한 예루살렘의 처참함을 묘사했다.

하나님, 이방인들이 주의 땅으로 들어와서,

주의 성전을 더럽히고,

예루살렘을 돌무더기로 만들었습니다.

그들이 주의 종들의 주검을

하늘을 나는 새들에게 먹이로 내주고,

주의 성도들의 살을 들짐승에게 먹이로 내주고,

사람들의 피가 물같이 흘러

예루살렘 사면에 넘치게 하였건만,

희생당한 이들을 묻어 줄 사람이 아무도 없습니다.

(시 79:1-3 표준새번역)

이 끔찍한 내용의 시는 최악의 결말, 즉 공개적으로 굴욕을 당하는 장면으로 끝을 맺는다.

우리는 이웃에게 조소거리가 되고,

주변 사람들에게 조롱거리와 웃음거리가 되었습니다.

(시 79:4 표준새번역)

마치 이렇게 말하는 것 같다. 우리는 처참하게 도륙을 당했다. 그러나 이보다 더 최악은, 치욕을 당했다는 사실이다! 예수님은 다음과 같이 비탄시를 읊으며 죽음을 향해 가셨다.

나의 하나님, 나의 하나님, 어찌하여 나를 버리십니까?

– 중략 –

그러나 나는 사람도 아닌 벌레요, 사람들의 조롱거리,

백성의 멸시거리일 뿐입니다.

나를 보는 사람은 누구나 나를 빗대어서 조롱하며,

입술을 비쭉거리고 머리를 흔들면서 비아냥댑니다.

(시편 22:1, 6-7 표준새번역)

십자가에 못 박힌다는 것은 자신이 속한 공동체에 거부당하고, 하나님과 세상으로부터 버림받는 것을 의미했다. 말 그대로 죽음보다 더 가혹한 운명이었다.

예수님의 모욕적인 죽음은 초기 성도들에게 깊은 인상을 남겼다. 바울은 초기 기독교 찬송을 인용하여 수치와 굴욕 한가운데로 내려오신 예수님의 생애를 묘사했다. "오히려 자기를 비워 종의 형체를 가지사 사람들과 같이 되셨고, 사람의 모양으로 나타나사 자기를 낮추시고 죽기까지 복종하셨으니 곧 십자가에 죽으심이라"(빌 2:7–8). 예수님은 세상에서 가장 낮은 곳으로 오셨다. 그분은 노예가 되어 노예로 죽음을 맞이하셨다. 그분은 가장 높은 영광을 가지셨으나, 최악의 불명예 또한 기꺼이 받아들이셨다. 예수님이 수치를 당하심으로써 세상이 구원을 받았다는 사실, 이것이 십자가에 담긴 놀랍고 충격적인 메시지이다.

예수님을 따르는 이들은 역사상 처음으로 겸손을 미덕으로 여긴 사람들이었다. 바울은 빌립보교회 성도들에게 그리스도와 "같은 마음"(빌 2:5)을 갖고, 자신의 명예를 버리고 서로가 서로를 종처럼 섬기길 권면했다. 고대 로마권 문화에서, 인생의 최종 목적은 명예를 얻는 것이었으며, 평판을 떨어뜨릴 수 있는 일은 무엇이든 피하고자 했다. 겸손은 사람이 할 수 있는 일 중 가장 보잘것없는 행동이었다. 그러나 초기 기독교인들은 자만심을 경멸하고 겸손을 높게 여겼다. 심지어 바울은 마치 노예가 세상에서 가장 명예로운 자리인 것처럼, 자신을 "예수 그리스도의 종"(롬 1:1)으로 소개했다.

겸손하신 주님의 메시지는 당시 사람들이 듣기에 충격적이었다. 하지만 현대인들에게 자기 자신만을 위해 사는 인생과 약자를 위해 헌신하는 삶 중 어느 것이 더 나은지를 묻는다면, 대부분은 섬기는 삶이 더 의미 있는 인생이라는 것을 인정할 것이다. 십자가의 메시지는 명예와 수치심에 대한 오래된 가치관을 뒤집어 놓았다. 섬기는 것이 섬김을 받는 것보다 낫다는 예수님의 충격적인 말씀(막 10:45)은 오늘날에는 일반적인 상식처럼 받아들여지고 있다. 우리는 간호사와 간병인들이 특별한 존경을 받을 자격이 있고, 가난하고 힘없는 사람들에게도 존엄성이 있다는 것을 당연하게 여긴다.

오늘날 겸손의 미덕은 당연한 것이라서, 복음이 맨 처음 주었던 충격과 놀라움은 사라져 버렸다. 우리는 더 이상 예수님이 당한 수치를 불편해하거나 마음 상해하지 않는다. 그러나 세상의 도덕적 질서에 대한 심판을 초월하여, 의*를 위한 새로운 질서를 세운 것은 예수님의 수치스러운 죽음이었다. 예수님 안에서, 그리고 하나님 안에서 높은 것은 낮아지고 낮은 것이 높아진 것이다.

> 권세 있는 자를 그 위에서 내리치셨으며
> 비천한 자를 높이셨고
> 주리는 자를 좋은 것으로 배불리셨으며
> 부자는 빈 손으로 보내셨도다
> (눅 1:52-53)

"죽으시고, 장사된 지"

기독교인들은 예수님의 죽음이 역사의 전환점이라고 말한다. 신약성경의 저자들은 각자 다른 방식으로 그 죽음의 의미를 설명하였다. 예수님은 수치스러운 죽음을 통해 최고의 영광을 얻으셨다(빌 2:6-11). 그분이 사망의 권세에 자신을 내어주심으로, 우리는 영생을 얻었다(고전 15:42-57). 그분의 죽음은 곧, 세상의 생명이다(롬 5:12-21). 그래서 예수님의 죽음은 역설적이다. 그분의 죽음은 빛을 밝히는 어둠이자 정죄함이 없는 ― 심판(요한복음)이고, 하나님의 주권과 통치를 선포하는 ― 패배(마가복음)이자, 역사의 새 시대를 여는 ― 종말(누가복음, 사도행전)이다. 또한 언약을 뛰어넘는 ― 완전한 성취(마태복음)이자, 모든 희생 제사 규례를 종결시킨 ― 희생

(히브리서)이며, 인류 역사의 폭력성을 이긴 – 격렬한 대재앙(요한계시록)이다.

예수님의 죽음에 대해 정확하면서도 간결하게 설명하는 것은 어렵다. 하지만 성경은 이러한 역설적인 표현들을 통해 예수님의 죽음에 담긴 의미를 놓치지 않고 담아내고 있다.

그리스도와의 연합이라는 바울의 주제는 예수님의 죽음에 대한 후대의 기독교 교육에 있어서 특히 중요했다. 바울은 예수님께서 우리에게 모든 것을 내어주셨기에 우리가 그분의 모든 것을 함께 할 수 있게 되었다고 가르쳤다. 그분이 우리의 가난에 동참하심으로, 우리는 그분의 부유함을 함께 누리게 된다(고후 8:9). 우리가 마땅히 받아야 할 저주를 그분이 받음으로써, 도리어 우리는 그분이 받아야 할 축복을 받는다(갈 3:6-14). 그분이 우리와 연합하여 우리의 모든 죄악을 감당하시기에, 우리도 그분과 하나 되어 의로움을 얻는다(고후 5:21). 그리스도와 우리의 연합은 상호작용 정도의 수준을 넘어서는 것이다. 즉, 그리스도 안에서 하나님과 인간이 완벽하게 연합하여 서로에게 속한 모든 것이 함께함을 의미한다.

바울로부터 대략 백 년 후, A.D. 2세기 신학자 이레나이우스St. Irenaeus는 하나님의 아들을 통하지 않고서는 인간이 전적인 구원에 이를 수 없다는 바울의 논지를 발전시켰다.

그분은 자신의 인성을 부인하지 않았고, 자신을 그 이상
으로 평가하지도 않았다. … 그분은 갓난아기들 가운데
하나로 오셔서 그들을 거룩하게 하셨으며, 어린아이들
가운데 한 아이가 되사 그들 또한 거룩하게 하셨다. …
청년들 중에 청년이 되신 그분은 그들의 모범이 되셨으
며, 이들을 하나님을 향해 거룩하게 하셨다. … 끝으로,
그분은 "죽은 자들 중에 가장 먼저 살아나셔서, 모든 것
의 으뜸"(골 1:18)이 되셨으며, 생명의 주권자이자, 모
든 것의 시작이며 머리가 되셨다.[24]

하나님의 아들은 스스로 우리와 하나 됨으로써 우리의 본
성을 치유하신다. 인간의 본성은 이 연합을 통해 변화된다.
죽을 수밖에 없는 존재가 영원한 존재와 손을 맞잡을 때, 죽
음은 생명의 출발점이 된다.

탄생과 죽음의 불가사의한 관계는 A.D. 4세기쯤, 세례를
준비하던 새로운 신자들을 위한 그레고리우스St. Gregory의 설
교에도 나타난다. 그레고리우스는 예수님께서 인간의 한계
를 공유하지 않고서는 우리의 본성과 완전히 연합할 수 없다
는 점을 강조하였다. 모든 사람은 자궁을 통해서 세상에 나
와 무덤 속으로 떠나간다. 그래서 하나님의 아들은 우리와
연합하기 위해 이러한 인간의 한계를 그대로 받아들이신 것

이다. 그레고리우스는 다음과 같이 말했다.

> 탄생은 필연적으로 죽음에 이른다. 인간의 삶은 탄생과
> 죽음이라는 두 가지 한계에 둘러싸여 있다. 육신을 입고
> 이 땅에 오신 예수님은 우리의 본성에 속한 모든 것을 경
> 험하셔야만 했다. 만일 예수님께서 탄생과 죽음, 둘 중
> 하나만 겪으셨다면 그분의 사명을 절반밖에 이루지 못
> 하셨을 것이다. … 우리의 본성 전체를 죽음으로부터 되
> 찾아야 했기 때문에, 그분은 엎드려 누워있는 우리의 죽
> 은 몸을 향해 허리를 굽혀 손을 뻗으셨다. 그리고 죽음
> 에 가까이 다가가서는 그것을 끌어 안으셨다.[25]

　　예수님을 통해서 하나님은 우리의 모든 상황을 충분히 알
고 헤아리신다. 따라서 더 이상 그 어떠한 역경과 고난도 하
나님으로부터 우리를 멀어지게 할 수 없다. 이제 모든 고난
은 예수님과 하나 되기 위한, 곧 "그와 함께 영광을 받기 위
하여 고난도 함께 받아야 할(롬 8:17)" 기회가 되었다. 심지
어 죽음조차 예수님을 따르는 또 하나의 길이 된다. 하나님
의 아들이 연약하여 죽을 수밖에 없는 우리를 어루만지시고
그분의 더 크신 세계로 인도해주시기에, 우리의 죽음은 여느
죽음과 다르다. "사망이나 생명이나 … 우리를 우리 주 그리

스도 예수 안에 있는 하나님의 사랑에서 끊을 수 없기(롬 8:38-39)" 때문이다.

우리는 모두 각자의 죽음에 다가가고 있다. 그러나 그 끝에 우리를 기다리는 분이 계신다. 그분은 인생의 모든 길의 시작과 끝, 그리고 갈림길에서 우리를 만나주시는 분이시다. 그분은 예수 그리스도, 생명의 주님이시다.

"(지옥으로 내려가셨다가), 사흘 만에 죽은 자 가운데서 다시 살아나셨으며"

 "스올에다 자리를 펴더라도 주님은 거기에도 계십니다."(시 139:8 표준새번역) 이 성경의 메시지는 죽음이 끝이 아니라는 것이다. 죽음은 하나님의 약속을 깨뜨리지 못한다. 그리고 하나님과의 단절을 의미하지도 않는다. 하나님은 예수님을 통해 죽은 자들 가운데 거하신다. 그분은 우리를 거룩하게 하고 자신과 하나 되게 하시려고, 생生과 사死라는 인간의 한계에 관여해 오셨다. 참 생명이신 하나님께서 죽은 자들을 끌어안으실 때, 사망은 생명의 권세 아래에 놓이게 되었다.

신약성경의 저자들은 예수님의 죽음을 망자亡者들의 세계로 내려가신 것으로 묘사를 했다. 그분은 먼저 "땅 아래 낮은 곳으로 내리셨던" 후에, "위로 올라가실 때에 사로잡혔던

자들을 사로잡으시고 사람들에게 선물을 주셨다"(엡 4:8-
9). 또한 "옥에 있는 영들에게 선포하시고" 나서, "하늘에 오
르사 하나님 우편에 계신다"(벧전 3:18-22). 그리스도의 말
씀은 모든 사람에게 선포되었으며, 그분의 이름은 심지어
"땅 아래에 있는 자들" 즉, 죽은 자들 가운데서도 고백 되었
다(빌 2:9-11).

예수 그리스도에게 있어서 죽은 자들은 영원히 잃어버린
이들이 아니며, 그들도 그리스도 앞에서 침묵하고 있을 필요
가 없다. 예수 안에서, "죽은 자들이 하나님의 아들의 음성
을 들을 때가 오나니 곧 이 때라 듣는 자는 살아나리라"(요
5:25). 그로 인해, 텅 빈 죽음의 허무함은 하나님의 충만함
으로 채워질 것이다.

동방정교회의 성화聖畫나 성상聖像에는 이러한 망자에 대한
기독교적 회복의 장면이 특히 많이 등장한다. 예수의 부활을
그린 동방정교회의 성화를 보면, 영광을 받으신 그리스도가
무너진 지옥문 위에 서 있는 모습으로 묘사했다. 그분의 발
아래에는 죽은 자들을 결박했던 사슬과 자물쇠가 모두 부서
져 있고, 지옥문은 활짝 열려 있으며, 그들의 무덤은 텅 비어
있다. 그리스도의 양옆에는 아담과 하와를 상징하는 두 노인
이 그려져 있으며, 그분은 그들의 손목을 붙잡고 어두운 지
하세계로부터 끌어 올리고 있다.

예수님께서는 타락한 우리를 위해 지옥까지 내려오신다. 14세기 영국의 작가 노리치의 줄리안^{Julian of Norwich}(1342~1416)은 이렇게 말했다.

> 예수님께서 지옥에 내려가심으로써 친히 구원받아야 할 모든 사람처럼 되셨고, 구원받을 모든 사람은 그분과 같이 되었다. 예수님은 지옥에 깊이 뿌리박힌 영혼들을 건져내어 하늘 끝까지 들어 올리셨다.[26]

하나님의 아들은 우리의 연약한 인성을 스스로 짊어지셨다. 또한, 우리의 타락한 본성이 그분을 밑바닥으로 잡아당기는 것도 용납하신다. 그분은 직접 인간의 가장 깊은 심연 끝까지 쫓아와 고통 속에 몸부림치는 우리를 붙잡아주신다. 그리고 우리가 완전히 무너져버릴 그 순간, 그 품에 안아 주신다.

그분이 우리와 함께 죽을 수 있음은 우리의 연약한 본성을 나누어 짊어지셨기 때문이다. 또한 그분이 하나님의 아들이시기에 그분의 존재 안에 죽음을 가득 채움으로써, 역설적이게도 무덤이 생명의 근원으로 바뀐다. 그리스도 안에서, 죽은 자들은 하나님과 하나가 되고 하나님을 통해 생명을 얻었다. 부활은 예수님에게만 일어난 사건이 아니라 우리 모두에게 일어나게 될 기적이다. 예수 그리스도를 통해 아담과 하와, 나, 그리고 인류공동체 모두가 부활의 기적을 선물 받았다. 예수님께서 부활하신 것처럼, 모든 사람이 그분과 함께 살아날 것이다.

그리스도가 죽음을 이기셨다는 메시지는 죽은 자들에 대한 초대교회 성도들의 인식을 독특하게 바꾸어 놓았다. 당시 기독교인들은 기도하기 위해 무덤가에 모이곤 했으며, 카타콤(지하 묘지)이라 칭하는 죽은 사람들의 유골들 사이에서 예배를 드렸다. 그들은 순교자의 몸을 승리의 상징처럼 여기고, 상여를 들고 거리를 행진하기도 했으며, 장례식에서는 고인故人을 사랑스럽게 바라보며 그 옆에 서서 찬송을 불렀다. 이러한 행동들은 다른 종교를 가진 이들에게 매우 큰 충격을 주었다. 당시 로마법에 따라서 시신은 살아 있는 사람들에게 전염병을 옮기지 못하도록 도시에서 멀리 떨어진 곳에 매장해야 했다. 그러나 그리스도인들은 오히려 죽은 자들이 있는 장소를 중심으로 모이곤 했다. 그래서 초대교회의 모습은 말 그대로, 순교자들의 유골 위에 세워진 거대한 무덤과 같았다. 그 성인聖人들의 무덤은 요하네스 크리소스토무스St. Johannes Chrysostom(347~ 407)의 말처럼, "생명이 넘치는 무덤이자, 소리를 내는 무덤"이었다.[27]

새 신자들은 세례를 준비할 때, 무덤가에 모여 교리문답을 위한 교육을 받곤 했다. 오늘날 카타콤의 유골들 사이에서 사도신경이 울려 퍼지는 장면을 상상하는 것만으로도, 우리는 그 의미를 더욱 실감할 수 있다. 사도신경은 인간의 유한함을 인정하고, 생명이 최종적으로 승리할 것이라는 확고한 믿음이 있는 곳이라면 어디서든 고백 될 수 있다. 이 승리는 예수 그리스도를 믿는 모든 사람에게 이미, 그리고 단번에 주어진 승리이다.

다른 이들이 패배했다고 여기는 곳에서, 예수님을 따르는 우리는 역설적인 승리를 맛본다. 사람들이 더럽게만 여기는 곳에서, 우리는 인간의 본성이 거룩해지는 장면을 목격한다. 그들은 그저 세상을 어둠과 절망이 가득한 곳으로만 바라보지만, 우리는 그곳에서 이미 무너져 있는 지옥문을 발견한다. 세상은 끝이라고 단념해도, 우리는 새로운 시작을 기대한다. 죽음은 진지한 주제이다. 그러나 살아 있는 생명만큼 중요하지는 않다. 생명은 죽음보다 더 넓은 차원에 속한다. 우리는 십자가의 표식 아래에 우리의 죽음을 묻는다. 우리의 유골을 눕히는 곳은 죽음의 공포가 있는 곳이 아니라 평화로운 안식이 있는 곳이다. 그래서 그리스도인의 장례식에는 애곡하는 소리가 아닌 감사의 찬송이 어울린다.

사망은 더 이상 이 세상의 절대적 권세가 아니다. 초대교회는 순교자들이 이 사실을 입증했다고 여겼다. 아타나시우스^{St. Athanasius}는 순교자들을 사막에서 사자와 뛰어노는 어린 아이들에 비유했다.

> 만약 당신이 사자에게 장난치는 어린아이들을 보게 된
> 다면, 당신은 분명히 사자가 죽어있거나 완전히 힘을 잃
> 은 상태라고 생각할 것이다. 이와 마찬가지로 … 기독교
> 신자들이 죽음을 가벼이 여기고 괘념치 않는 것을 본다
> 면, 그리스도에 의해 사망의 고리가 끊기고 그 권세가 완
> 전히 사라져 버렸다는 것을 의심할 여지가 없다.[28]

예수님의 죽음과 부활을 통해, 우리의 죽음은 새로운 차원이 되었다. 아타나시우스는 이것을 "우리는 이제 심판받을 존재로 죽지 않고, 다시 살아날 존재로 죽는다."라고 표현하였다.[29]

인간은 모두 태어나면서부터 바로 죽음을 향해 걸어가야만 하는 존재이다. 그러나 우리는 주신 은혜로 말미암아 정반대 방향을 향해 나아간다. 그리스도인의 삶은 죽음에서 출발하여 탄생으로 향하는 신비로운 삶이다. 이 새로운 출발점에서 우리는 그리스도의 죽음을 통해 세례를 받고 마침내 부활의 생명으로 다시 태어난다. 우리는 마치 죽기 위해 태어나고, 다시 태어나기 위해 죽는 것이다.

사도신경

죽음아, 너의 승리가 어디에 있느냐?
죽음아, 너의 독침이 어디에 있느냐?
(고전 15:55 표준새번역)

"하늘에 오르시어 전능하신 아버지 하나님 우편에 앉아 계시다가"

 A.D. 2세기의 이원론적 사고방식을 가진 이들은 예수님의 승천을 포함한 복음서의 일부 내용(막 16:19, 눅 24:51, 행 1:9-11)을 인정하지 않고 거부했다. 초기 기독교의 이단으로 마르키온^{Marcion}이 편집한 누가복음에는 예수님의 탄생과 승천에 관한 이야기가 모두 생략되었다. 이는 그가 생각하는 구원자란 육체가 없는 영적 존재이고, 이러한 자신의 관점에서 성경을 제멋대로 해석했기 때문이다. 또 어떤 사이비 교사들은 그리스도가 육체는 남겨둔 채로 그분의 영혼만 승천했다고 주장하기도 했다. 이러한 견해에 따르면, 육체는 악한 것이고 물질세계는 파멸 위기에 처해있으며, 구원이란 이 세상의 고통을 피해 벗어나는 것이다. 그들은 예수님 자신도 이 세상

에 속한 육체적인 삶에는 관심이 없으셨다고 주장했다. 그들에게 예수님은 깨달음을 주기 위해 오신 분이며, 물질세계에 속박된 인간의 영혼을 해방하기 위해 오신 분이었다.

이는 초기 기독교인들이 명확하게 가르쳤던 그리스도의 성육신을 부인하는 것이었을 뿐만 아니라, 그리스도께서 겪으셨던 육체의 고난, 육체의 죽음, 육체의 부활, 육체의 승천 모두를 부인하는 것이었다. 초대교회의 신앙이란 영적인 도피가 아니었다. 육체의 생명을 포함한 인간의 전인격이 구원을 받고 변화되는 것이 본질이었다. A.D. 2세기의 이레나이우스Irenaeus는 이렇게 말했다. "하나님의 아들은 인간의 본성을 거부하거나 자신을 우리보다 더 나은 존재로 여기지 않았다. 다만, 하나님과 우리의 관계를 회복하기 위해 스스로 우리와 하나가 되셨다."[30]

신약성경의 저자들은 승천에 대하여 말을 할 때, 예수님의 부재不在가 아니라 태초부터 늘 계셨던 예수님의 주권적 임재臨在에 대해 강조했다. 그분은 떠나버리신 것이 아니라 더 완전한 존재가 되신 것이다. 예수님께서 '하나님 우편으로' 승천하신 것은, 세상 모든 권세 위에 오르신 예수님의 공식적인 즉위식이었다. 시편 110편 1절만큼 신약성경에서 자주 인용되는 구절은 없을 것이다.

여호와께서 내 주에게 말씀하시기를

내가 네 원수들로 네 발판이 되게 하기까지

너는 내 오른쪽에 앉아 있으라 하셨도다

초기 그리스도인들은 예수님께서 온 우주의 주인이자 메시아의 자리에 앉으셨다고 선포하였다. 존귀한 그리스도께서 "자기의 영광에 들어가셨다"(눅 24:26, 딤전 3:16). 이제부터 "모든 만물이 그에게 복종하게 되었다"(빌 3:21, 히 2:8). 그분이 승천하셨기 때문에 그분의 존재가 온 우주를 다스리게 된 것이며, 그분의 사랑의 통치는 온 세상에 가득하여 성도들이 모이는 모든 곳에 함께하신다(엡 1:20-23). 그분이 "하늘에 오르사 하나님 우편에 계시니 천사들과 권세들과 능력들이 복종한다"(벧전 3:22).

따라서 승천의 목적은 예수님이 어디로 가셨는지에 대한 궁금증을 유발하려는 것이 아니다. 다만 시편 저자의 다음과 같은 질문이 들게 한다.

내가 주의 영을 피해서 어디로 가며,

주의 얼굴을 피해서 어디로 도망치겠습니까?

(시 139:7 표준새번역)

호주의 원주민 예술가 셜리 퍼디^{Shirley Purdie}는 자신의 그림에서, 예수님의 승천을 하늘로 날아오르는 모습이 아닌, 붉은 대지를 향해 승리의 도약을 하는 모습으로 표현하였다. 말하자면, 그분의 승천은 이 세상으로부터 떠나가는 것이 아니라 모든 피조물을 사랑으로 통치하기 위해 더 깊이 들어오심을 의미한다.[31] 셜리 퍼디의 그림은 예수님의 승천 사건에 대한 신약성경의 설명을 심오하게 묘사한 것이다. 예수님께서 승천하셨기에 오히려 우리와 이 세상에 더 가까이 계시게 되었다. "만물이 그 안에 함께 섰느니라 … 아버지께서는 모든 충만으로 예수 안에 거하게 하시고 … 만물 곧 땅에 있는 것들이나 하늘에 있는 것들이 그로 말미암아 자기와 화목하게 되기를 기뻐하심이라"(골 1:17-20).

그리스도와 연합한 우리는 그분의 승천에도 참여하게 된다. 바울이 자주 언급했던 것처럼, 성도들은 이제부터 영원토록 '그리스도 안에' 거하는 삶을 살게 되었다. 예수님은 승천하시면서, 연약한 우리도 함께 하나님 아버지께로 끌어 올리셨다. 이레나이우스^{St. Irenaeus}의 말을 다시 인용하자면, 예수님께서 하늘로 올라가셨기에 우리도 또한 **"성령을 통해 아들에게로, 그리고 아들을 통해 아버지께로"** 올라갈 수 있게 되었다.[32] 즉, 예수님 안에서 우리도 하나님 앞에 나아갈 자리를 얻게 되었다.

"거기로부터 살아 있는 자와 죽은 자를 심판하러 오십니다"

심판한다는 것은 누군가를 다른 이들로부터 구별하고, 분리한다는 것이다. 요한복음은 예수님을 세상의 빛으로 묘사했다. 빛은 모든 사람을 동등하게 비추지만, 그 빛에 대한 반응은 제각각이다. 어떤 이들은 기뻐하며 그 빛 가운데로 걸어 들어가는 반면, 어떤 사람들은 눈을 감고 어둠 속에 남아있다. "심판을 받았다고 하는 것은, 빛이 세상에 들어왔지만, 사람들이, 자기들의 행위가 악하므로, 빛보다 어둠을 더 좋아하였다는 것을 뜻한다."(요 3:19 표준새번역) 예수님께서 심판하러 오신다는 것은 바로 이런 의미이다. 누구에게는 은혜를 베푸시고, 어떤 이들에게는 진노하신다는 것이 아니다. 그분은 "은혜와 진리가 충만하신 분"(요 1:14)이다. 다만, 은혜는 그것을 마주한 사람들의 반응과 중심을 구분한다.

초대교회 그리스도인들은 하나님의 심판을 이야기할 때, 서로 다른 두 개의 신, 즉 분노의 신과 은혜의 신이 있다는 인상을 주지 않으려고 조심했다. 이러한 사고방식은 우리를 영지주의라는 이단의 미혹에 빠져들게 만든다. 그리스도인들에게 있어, 하나님 안에서 분열이 일어나 두 분이 된다는 것은 있을 수 없는 일이다. "곧 하나님은 빛이시라 그에게는 어둠이 조금도 없으시다"(요일 1:5). 한 분이신 하나님의 얼굴은 예수님 안에서 드러난다.

초기 기독교 교사들 중 일부는 천국과 지옥이 사실은 같은 장소일지도 모른다고 생각했다. A.D. 7세기 시리아의 수도사이자 설교자였던 아이작Isaac(613~700)은 모든 사람이 궁극적으로 절대적인 하나님의 사랑 앞에 이르게 될 것이라고 주장했다. 그러나 "사랑의 힘은 두 가지 방식으로 작용한다." 즉, 같은 사랑이 누군가에게는 기쁨이 되고, 다른 누군가에게는 고통이 된다.[33] 학교 선생님들은 이따금 교실에서 이와 비슷한 상황을 접하게 된다. 같은 수업이 어떤 학생에게는 즐겁지만 어떤 학생에게는 괴로움이 될 수 있다. 한 학생이 흥미를 느끼면, 다른 학생은 지루함을 느낀다. 두 학생은 똑같은 교실에서 똑같은 수업을 듣고 있지만, 한 사람은 천국에 있고 다른 한 사람은 지옥에 있다. 이것이 시리아의 아이작이 상상했던 다가올 세상의 모습이었다. 즉, 서로 다른 두 개의 장소가 아니라, 하나님의 사랑에 대한 두 사람의 반응이 다른 것이다. 아이작은 "지옥에서 형벌을 받는 사람들은 사랑의 채찍에 고통받는다. 사랑의 형벌만큼 쓰라리고 격렬한 고통이 무엇이 있겠는가?"라고 적었다.[34]

게다가, 그리스도의 심판은 단순히 두 부류의 사람을 구별하기 위한 것이 아니다. 그리스도의 빛이 우리의 삶을 비출 때, 우리 안에서는 분열이 일어난다. 우리 중 누구도 전적으로 선하거나 악하지 않다. 우리는 선과 악이 뒤섞여 있는 존재다. 악한 것이 밀밭의 잡초처럼 우리의 삶 속에서 자라는데, 이 둘은 매우 밀접하게 얽혀 있어 그 차이를 쉽게 구별해낼 수가 없다(마 13:24-30). 때론 우리가 저지른 최악의 실수가 좋은 열매를 맺기도 한다. 그리고 때로는 우리의 선행이 의도치 않은 부수적인 피해를 낳았다는 사실을 발견하기도 한다. 우리의 인생은 우리 자신에게조차 선명하지 않다. 무엇이 나쁜 결과이고 선한 동기인지조차도 쉽게 말할 수 없다.

그래서 언젠가는 누군가 우리를 찾아와 사랑스러운 손길로 나의 삶의 악한 것들로부터 선한 것을 분리해낼 것이라는 사실이 우리에게 깊은 위로가 된다. 그리스도께서 심판하러 오신다는 사도신경의 고백은 공포와 파멸을 의미하는 것이 아니다. 이는 복음이 전하는 좋은 소식의 일부이다. 그리고 우리 인생의 모든 복잡함과 모호함을 이해하는 분이 계신다는 사실을 아는 것이 큰 기쁨이다. 진실로 온전히 심판할 능력이 있는 유일한 분이 "은혜와 진리로 충만하신 분"(요 1:14)이라는 것 또한 큰 기쁨이다. 그분은 구원하려고 오시는 것이지 파괴하러 오시는 것이 아니며, 도리어 심판을 통해 우리를 구원하는 분이시다.

그레고리우스Gregory는 친누나이자 자신의 멘토로 여기던 마크리나Macrina(327~379)와 상상 속 대화를 나누는 방식으로 예화를 남겼다. 대화의 주제는 육체와 영혼, 그리고 부활에 관한 것이었다. 둘은 대화 속에서 심판을 고통스럽지만 각 사람을 성결하게 하는 데 필요한 과정으로 묘사한다. 이 정화의 과정을 통해, 마침내 사람은 하나님의 사랑에 온전히 반응할 수 있는 자유로운 존재가 된다.

> 하나님의 심판은 … 죄인들을 징벌하는 것이 우선이 아니다. … 심판은 오직 악으로부터 선을 분리해내고 순결한 영혼을 복된 공동체로 이끄는 역할을 한다. 또한, 심판은 인도하심을 받은 이들에게 그동안 고통을 주었던 모든 것을 한 번에 찢어 없애버리는 순간이다.[35]

예수님은 살아 있는 자와 죽은 자를 심판하러 다시 오실
것이다. 세상의 마지막 날은 분명 우리 인생에서 일어날 수
있는 최대의 사건이 될 것이다. 그날에 우리 각 사람 안에 있
는 가라지들은 알곡과 분리될 것이다. 물론 우리 안에 있는
자기기만自己欺瞞이 불태워지는 순간은 너무도 고통스러울 것
이다. 그러나 진리로 인한 고통은 우리를 치유하는 것이지,
멸망시키려는 것이 아니다. 심판의 날, 비로소 우리는 처음
으로 우리 인생의 진실, 바로 나 자신이 사랑받는 존재라는
것을 알게 될 것이다.

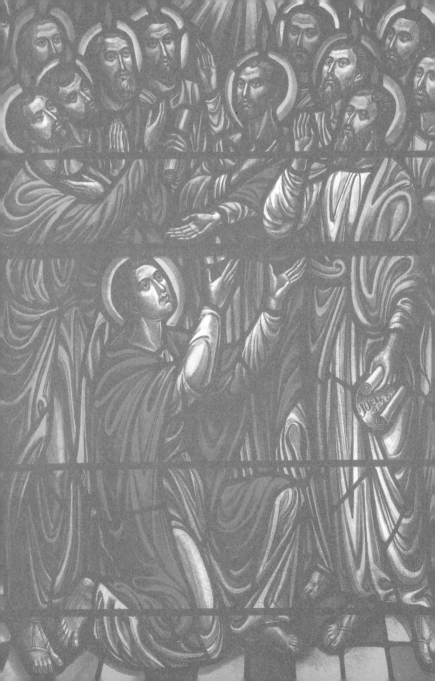

3장

나는 성령을 믿으며,

거룩한 공교회와
성도의 교제와
죄를 용서받는 것과
몸의 부활과
영생을 믿습니다.

아멘.

"나는 성령을 믿으며"

성경은 심연 위를 운행하시며 창조를 준비하시는 성령님의 이야기로 시작된다(창 1:2). 그리고 시대의 전환점에서 우리는 한 처녀의 자궁 위에 임하신 성령님을 다시 한번 발견한다(눅 1:35). 성령님은 새로운 창조의 시작인 새 아담의 탄생을 위해 마리아의 몸에 거하셨다.

사도신경은 창조의 영이신 성령님의 사역이 아직도 끝나지 않았음을 일깨워준다. 동일한 성령님께서 지금도 온 인류 가운데 운행하고 계시며, 계속해서 그리스도의 형상을 닮은 새로운 인류 공동체를 일으키고 계신다.

성경의 가장 큰 주제 중 하나는 인류가 연합하여 한 가족이 되는 것이다. 성경은 하나님께서 에덴동산에 남자와 여자를 창조하시고, 자신의 형상을 닮은 한 공동체를 세우신 이야기로 시작한다. 그리고 모든 민족과 언어를 초월하여 모인 성도들이 함께 찬양하고 완벽한 조화를 이루며 살아가는, 장차 도래할 한 성읍을 묘사하며 끝을 맺는다(계 7:9).

창세기에서 타락은 인간관계의 비극적인 혼란을 초래했다. 남녀 간의 관계는 물론, 부모와 자식 간의 관계에도 저주가 흐르게 되었다. 마찬가지로 인간과 나머지 피조물과의 관계도 엉망이 되었다(창 3:14-19). 하나님이 창조하신 세상은 갈기갈기 찢겼으며, 각 사람은 하나였던 세상에서 떨어져 나온 파편이 되어버렸다.

인류의 몰락에 대한 이러한 참담한 평가는 바벨탑 사건(창 11:1-9)에서 절정에 이른다. 거대한 도시를 건설한 인류는 이제, 하나님을 멸시하고자 그들의 응집력을 이용하기 시작했다. 그러자 하나님께선 인간의 언어를 혼잡하게 하사 그들을 흩어버리셨다. 인류는 더 이상 같은 세상을 공유할 수 없었으며, 공동의 선을 추구할 수도 없었다. 그들은 결국 통일된 사회를 구성할 수 없게 되었다. 각각의 무리는 그저 인류의 깨어진 파편들에 불과하게 되었고, 저주받은 땅으로 추방되어 외로이 흩어졌다.

그러나 예수님이 이 땅에 오심으로 바벨탑 이야기에서 새로운 반전이 시작된다. 예수님을 따르던 무리가 다락방에 모여 두려움에 떨고 있을 때, 성령님께서 그들 위에 임하셨다. 그러자 그들은 모두 다른 언어로 말하기 시작했다. 당시 밖에 있던 세계 각지에서 온 사람들은 이 갈릴리 사람들이 자신들의 언어로 말하는 것을 듣고 심히 놀라 말하였다. "이 말하는 사람들이 다 갈릴리 사람이 아니냐 우리가 우리 각 사람이 난 곳 방언으로 듣게 되는 것이 어찌 됨이냐"(행 2:1-13).

오순절 성령강림 사건은 기독교 공동체의 탄생과 함께, 타락한 인류의 회복을 알리는 사건이다. 분열된 옛것은 모두 사라지고 새로운 인류 공동체가 세워진 것이다. 이것이 성령님께서 임하실 때 일어나는 일이다. 성령님은 세상의 경계를 허물고 하나 된 공동체를 만들어냄으로써 창조주의 원 계획을 성취하신다. 성령님은 혼돈 한가운데서 방황하는 인간의 연약함 위에 임하사, 흩어진 조각들을 사랑으로 다시 맞추시고 창조주의 형상으로 회복시켜 주신다.

바울은 성령의 임재가, 깊어진 공동체성뿐만 아니라 개인의 다양성을 통해서도 나타난다는 데에 주목했다. 성령님은 통일성과 다양성이 조화롭게 이루어질 수 있도록 '각종 은사'들을 주셔서 우리로 '한 몸'을 이루게 하신다(고전 12:12-31). 우리 안에서 역사하시는 성령님을 통하여 우리들의 삶과 이야기가 씨줄과 날줄로 서로 엮이게 되고 진정으로 하나 됨을 이루게 된다.

이러한 방식으로 성령님은 예수 그리스도를 따르는 사람들 가운데서 일하시며, 인류 한 사람 한 사람을 새롭게 하사, 우리 모두를 하나의 가족으로 인도해주신다. A.D. 4세기 갑바도기아^Cappadocia의 3대 교부^敎父이자 사회개혁가인 바실리우스^St. Basilius(329~379)는 이것을 이렇게 설명했다. "성령은 마치, 자신만 홀로 선물을 받은 것처럼 기뻐하는 사람에게 은혜로 주어진 햇살과 같다. 그러나 그 빛은 땅과 바다도 비추고 공기와도 섞인다."[36] 성령님만큼 개인적이면서도 보편적인 것은 없다.

"거룩한 공교회와"

세례를 받을 때마다, 성도들은 교회를 '공교회catholic church'라고 선언한다. 이 단어는 문자 그대로 '만인에게 보편적인' 것을 의미한다. 주님은 한 분이시기에 교회도 오직 하나만 존재한다는 뜻이기도 하다. 많은 기독교 공동체들이 각기 다른 시대와 장소, 문화에 걸쳐 존재해왔지만, 신비롭게도 그들은 모두 하나의 영으로 연합되어 있다. 지구촌 곳곳에 성도들이 모여 세운 교회는 이 신비로운 공교회성을 보여준다.

교회는 보편적인 인간 사회의 축소판이기 때문에 공교회적catholic이다. 세례를 받는 물속에서 모든 사회의 오래된 편가름과 분열은 점점 무의미해진다. 교회는 부자든 가난한 자든, 남자와 여자든, 유대인이나 이방인이든, 심지어 노예와 자유인일지라도 상관없이 모든 사람을 포용한다(갈 3:26-28). 이전에 그 사람을 정의하던 것이 무엇이었든지 간에, 예수님을 따르는 무리의 일원이 되어 새로운 표식을 받는 순간, 그리스도인이라는 정체성이 다른 모든 것을 상대화시킨다. 13세기 이탈리아의 신학자 토마스 아퀴나스^{Thomas Aquinas}(1225~1274)는 이를 이렇게 설명하였다. "주인이든 종이든, 남자든 여자든 그 누구도 거절하지 않으시기 때문에 예수님의 말씀은 보편적이다."[37] 교회는 인류의 모든 경계선을 초월하는 보편성을 가지고 있다.

또한, 교회는 보편적인^{catholic} 메시지를 전하기 때문에 공교회적^{catholic}이다. 복음은 어떤 특정한 사회계층이나 민족 집단에만 전파되는 것이 아니다. 복음은 모든 사람에게 주어진다. 즉, 예수님의 말씀과 무관한 사람은 이 세상에 아무도 없다. 기독교 신앙의 가장 독특한 특징 중 하나는 번역할 수 있다는 것이다. 유대교나 이슬람교와 같이 일신교 전통을 가진 종교들은 히브리어나 아랍어든, 처음 기록된 원어^{原語}로 신성한 메시지를 보존하는데 높은 가치를 둔다. 그러나 기독교의 복음은 처음 시작할 때부터 다양한 언어로 번역이 이루어졌다. 예수님은 주로 아람어^{Aramaic}로 말씀하셨지만, 사복음서는 모두 그분의 가르침을 당시의 공용어인 헬라어^{Greek}로 번역하여 가능한 한 많은 독자들이 읽을 수 있게 하였다. 덕분에 기독교 운동은 놀랄 만큼 짧은 시간 안에 다양한 문화권에 뿌리를 내렸으며, 사람들은 각자의 언어로 복음을 읽고 선포하였다. 이처럼 예수님의 말씀은 보편적이다.

복음[福音]이 선포하는 메시지 또한 인간의 존재를 다루는 방식에 있어서 '보편적[catholic]'이다. 인간의 가장 깊은 욕구가 복음 안에서 다뤄진다. 예수님은 사람의 도덕이나 영적 문제와 같이 특정한 부분만 말씀하신 것이 아니다. 사람의 몸과 영혼, 개인과 사회 전반을 향하여 말씀하셨다. 은혜와 진리의 말씀으로 사람의 전인격을 아우르기 때문에 보편적이다. 복음은 인간의 삶 전체를 품고도 남을 만큼 넓고 깊다. 복음은 인간의 모든 물리적 상황과 영적 상태에 대하여 말해 주기에, 그래서 보편적이다.

그러나 기독교의 보편성에는 훨씬 더 근본적인 관점이 있다. 인간을 서로 갈라놓는 가장 큰 장벽은 문화나 언어, 계급이 아니다. 가장 큰 장벽은 '죽음'이다. 죽음은 인간을 산 자와 죽은 자라는 두 부류로 나눈다. 다른 모든 사회적 구분은 이 절대적인 구분 앞에선 하찮을 뿐이다. 이 근본적인 경계 앞에서 모든 인간은 무력하다. 그러나 부활하신 예수님은 이 장벽을 넘어 살아 있는 자와 죽은 자 사이의 단절을 회복하셨다. 그분은 공간뿐만 아니라 시간의 장벽을 뛰어넘어 온 인류를 한 가족이 되게 하셨다. 예수 그리스도의 몸은 지금

살아 있는 사람들뿐만 아니라 지금까지 존재했던 모든 사람도 포함하기 때문에, 우리의 상상을 뛰어넘는 가장 포괄적인 공동체이다.

복음의 메시지는 주로 개인이 아니라 이 새로운 공동체에 관한 것이다. 구원을 향한 하나님의 계획은 줄곧 당신의 형상을 닮은 하나의 거룩한 공동체를 세우는 것이었다. 그런 의미에서 교회는 단순히 사람들이 구원을 얻기 위한 수단으로 만들어진 모임이 아니다. 교회가 곧 구원이다. 교회는 태초부터 하나님께서 진행해오신 일이다. 그리고 교회는 하나님이 전 인류를 향한 계획을 보여주는 작은 모형이다.

그러므로 성도들 간의 모든 분열은 복음을 부정하는 것이다. 기독교 공동체는 언제든 연합할 수 있는 보편적catholic 공동체이다. 우리가 공동체 안에서 선을 그을 때마다, 예수님께서는 성령의 능력으로 그 선을 넘어서라고 말씀하신다.

> "여러분이 부르심을 받았을 때에 한 희망으로 부르심을 받은 것과 같이, 몸도 하나요, 성령도 하나요, 주님도 하나요, 믿음도 하나요, 세례도 하나요, 하나님도 한 분이십니다. 그분은 만유의 아버지이시며, 만유 위에 계시고, 만유를 통하여 일하시고, 만유 안에 계십니다."(엡 4:4-6 표준새번역)

"성도의 교제와"

A.D. 2세기경, 켈수스^{Celsus}(?~?)라는 이름의 한 그리스 철학자가 기독교 신앙을 공격하는 책을 썼다. 거의 백 년이 지난 후, 이집트의 위대한 신학자 오리게네스^{Origenes}(185~254)는 켈수스의 비판에 대한 답변을 요청받았다. 이를 계기로 오리게네스는 기독교 변증론에 관한 책을 집필하게 되었는데, 이 책은 지금까지 나온 기독교 변증서^{辨證書}들 중에서도 가장 훌륭한 작품으로 손꼽히고 있다.

오리게네스는 이 책에서 기독교 신앙에 대한 변증을 시작하기에 앞서, 예수님의 사역은 사실 어떠한 변호도 필요로 하지 않는다는 것을 먼저 확실히 했다. 그는 자기 책에 다음과 같이 적었다.

> 예수님은 언제나 근거 없는 비방을 받으셨고, 억울한 누
> 명을 쓰지 않을 때가 한순간도 없으셨다. … 그분은 여
> 전히 침묵했으며, 목소리를 내어 자신을 변호하지 않으
> 셨다. 예수님은 오직 신실한 제자들의 삶을 통해서만 당
> 신을 변호하셨다. 제자들의 삶이야말로 참 진리를 증명
> 하고 거짓을 물리칠 수 있기 때문이다.[38]

　예수님은 어떠한 책도 남기지 않으셨고, 어떠한 단체도 설
립하지 않으셨다. 그분은 도덕적 질문에 대한 정답을 제시하
는 분이 아니셨으며, 새로운 종교를 세우는데 딱히 관심이
있는 것 같지도 않으셨다. 그분은 거창한 사상[思想]이 아닌, 삶
의 방향을 제시한 선구자였다. 예수님은 그분이 중요하게 여
겼던 모든 것을 그분을 따르는 작은 무리에게 맡기셨다. 예
수님께서 그들에게 전해준 것은 삶 그 자체였다. 예수님은
그들에게 당신만의 특별한 삶의 방식을 보여주었고, 생활,
사랑, 즐거움, 용서, 가르침, 그리고 죽음조차도 당신과 같
은 삶을 살라고 그들을 초대하셨다.

　그리스도인이 된다는 것은 단순히 어떤 단체의 회원 자격
을 얻거나, 이념 체계를 받아들이는 것이 아니다. 그리스도
인이 된다는 것은 예수님을 따르는 무리의 일원이 되는 것이
다. 나는 예수님과 그분을 따르던 무리가 세례를 받았던 물

과 같은 물로 씻김을 받고, 예수님이 제자들과 함께 나눠 드신 것과 같은 식사에 참여한다. 예수님을 따르던 이들 중 네 사람이 그분이 하신 말씀과 그분이 어떤 분인지에 대한 기록을 남겼고, 나는 이 네 사람의 기록을 끊임없이 묵상하는 데에 인생의 많은 시간들을 보낸다. 나는 견해와 사상이 아닌 예수님, 그분을 연구하고 알기 위해 이것들을 읽고 있다. 나는 내 인생의 모든 것, 아주 보잘것없고 실망스러운 일들까지도 예수님의 삶과 교감이 되기를 원한다.

나는 예수님을 찾기 위해 신성한 세례 의식과 성스러운 만찬에 참여하고, 성경을 거룩하게 묵상한다. 그리고 그 과정 속에서 나 자신도 찾고 있다. 예수님을 따르는 사람들 속에 내가 거하길 원한다. 예수님과 그분의 사랑하는 이들이 있는 곳이라면 어디든 나도 함께하기를 원한다. 나의 모든 인생이 "그리스도와 함께 하나님 안에 감추어지길(골 3:3)" 간절히 원한다. 그렇게 내 삶의 작은 이야기가 그분 이야기의 한 자락이 되길 간절히 소망한다.

그렇게 될 때, 나의 인생은 그 존재 자체를 넘어 더 큰 의미를 얻게 된다. 내가 위대한 공동체의 일원, 곧 예수님의 삶의 방식에 따라 살고자 결단한 사람들 중 하나라는 사실을 깨닫기 시작한다. 이 위대한 제자 공동체는 한목소리로 말하고, 하나의 영으로 숨 쉬며, 한없는 기도로 '아빠 아버지!'를 외쳐 부른다(롬 8:15-16).

요한복음은 예수님에 관한 이야기의 극히 일부만 이 책에 기록했다고 말하면서 끝맺는다. 만약 예수님이 행하신 모든 것을 낱낱이 기록한다면, "이 세상이라도 이 기록된 책을 두기에 부족할 것이다"(요 21:25).

아마도 세상 끝나는 날이 되어야 완전한 복음서를 읽을 수 있을 것이다. 모든 인생, 모든 이야기, 모든 인간의 슬픔과 기쁨, 그리고 예수님과 그분의 사랑하는 자들에 대한 한없이 풍부하고 위대한 에피소드들까지도 전부 기록되어 있을 것이다. 이러한 이야기를 써 내려가기엔 세상은 너무 작다. 또한, 삶과 죽음조차도 이러한 성도의 교제를 모두 담아내기엔 너무나 작다.

"죄를 용서받는 것과"

죄 사함에 대한 고백은 사도신경에 비교적 나중에 추가된 것이었다. 최초의 세례 고백은 단순히 '성령, 거룩한 교회, 육체의 부활'만을 언급했었다.

그러나 A.D. 4세기 무렵, 죄와 용서의 본질을 놓고 성도들 간에 치열한 논쟁이 벌어졌다. 당시 기독교인들은 여전히 로마의 황제들에게 박해를 받고 있었다. 303년, 황제 디오클레티아누스^{Diocletianus}(재위: 284~305)는 기독교인들의 재산을 압류하고, 그들의 책을 불태우고, 그들의 예배 장소도 파괴하라고 명령하였다. 모든 기독교 지도자들은 투옥될 위기에 놓여 있었으며, 오직 로마의 신들에게 제물을 바치고 참배하는 자들만이 풀려날 수 있었다. 일부 기독교인들은 주

저함 없이 순교의 길을 선택했다. 그러나 순교자는 언제나 소수일 뿐이다. 교회의 성직자들도 물론 포함해서, 수없이 많은 기독교인들이 두려움에 사로잡혀 로마의 신들을 참배하였다. 심지어 황제는 단체 참배를 허용함으로써, 기독교인들이 신앙을 더욱더 쉽게 포기할 수 있도록 회유했다.

로마의 신들을 공개적으로 참배한 기독교인들은 사실상 그들이 받은 세례를 포기한 것이었다. 그러나 오래 지나지 않아 박해가 끝나고 모든 것이 정상으로 돌아오게 되었고, 다원주의 국가인 로마제국은 기독교를 다시 허용하였다. 그리고 예상대로, '배신자'로 불리던 배교자들은 마치 아무 일 없었다는 듯이 교회로 돌아왔다.

이 상황은 목회적으로 심각한 갈등과 위기를 초래하였다. 세례의 서약을 저버린 신자들을 어떻게 해야 할까? 이들이 다시 신앙 안으로 돌아오는 것을 받아들여도 될까? 그들이 다시 교회로 돌아온다는 것을 공표하기 위해 마땅한 공식 절차는 있나? 그들은 다시 세례를 받아야 하는 건가? 아니면 기독교 공동체에 다시 참여하는 것을 영구적으로 금지해야 할까?

더욱 난처한 것은 이교도들의 제사의식을 행한 교회 성직자들에 대한 문제였다. 그리스도의 거룩한 종인 성직자들이 자신들의 믿음을 저버렸을 때, 그들이 지금까지 해온 모든 사역 또한 무효라는 것을 의미하는 걸까? 만일 당신이 후에 배교한 성직자에게 세례를 받은 사람이라면, 다른 사람에게 다시 세례를 받아야만 하는 걸까?

이것은 어려운 질문들이었다. 많은 성도들에게 영적으로 매우 치열한 고뇌의 시간이었다. '배신자'들을 둘러싼 이 논쟁은 기독교 정체성에 관한 가장 본질적인 질문으로 이어지게 되었다. 무엇이 당신을 그리스도의 제자로 만드는가? 혹여 그리스도의 길에서 벗어났다면 어떻게 해야 하는가? 기독교 공동체는 (일부가 주장하는 바와 같이) 순결한 이들만의 교회인가? 아니면 허우적대고, 연약하며, 확신이 없는 이들에게도 열려 있는 공동체인가?

A.D. 4세기의 갈등과 위기를 통해, 교회는 이러한 질문들에 대한 명확한 해답을 얻었다. 기독교 교사들은 예수를 주로 고백하고 세례를 받은 모든 사람이 교회에 속한다고 주장하였다. 교회는 순결하고 영적으로 뛰어난 사람들만을 위한 곳이 아니다. 제자로서의 삶을 실패한 사람들, 심지어 공개적으로 배교한 사람들조차도 하나님의 은혜에서 배제되지 않는다. 아우구스티누스St. Augustine는 설교를 통해 영적 엘리트주의를 반대하였다. 그는 한 설교에서 이렇게 말했다. "우리는 결코 그 어떤 누구에게도 완전히 절망해서는 안 됩니다."[39] 한때 넘어졌던 이들이 돌아왔을 때, 그들은 다시 세례

를 받을 필요가 없다. 다만, 이전과 달라진 삶의 모습을 통해 그들이 이미 받은 세례를 진지하게 받아들이고 있음을 보여줘야 한다. 세례를 두 번 이상 받을 필요는 없다. 죄에 대한 궁극적인 용서가 예수님의 죽음과 부활 안에서 단번에 완성되었기 때문이다. 즉, 우리는 용서받기 위해 매번 희생제물을 드릴 필요가 없다.

이러한 결론은 너무도 중요했기 때문에, 고대 교회는 '죄를 용서받는 것'을 세례 고백의 일부로 포함하기 시작했고, A.D. 381년 니케아 신조Nicene Creed는 "우리는 죄를 사하는 하나의 세례를 인정한다."라는 문구를 포함하도록 확장되었다.

어떤 죄든 용서받을 수 있다고 믿는 교회는 결코 순결한 사람들만이 모인 교회일 수 없다. 이러한 교회는 연약하고 불완전한 이들을 언제나 인내와 이해로 품어주는 공동체일 것이다. 엘리트 정신으로 무장한 율법주의가 기독교 공동체 안에 들어올 때마다, 우리는 "죄를 용서받는 것을 믿습니다." 라는 사도신경의 고백을 다시금 되새겨볼 필요가 있다.

우리는 우리 자신의 성취가 아닌, 예수님께서 죽음과 부활을 통해 이루어내신 공로 위에 서 있음을 믿는다. 우리는 영적으로 강한 사람이든 약한 사람이든 모두가 똑같은 용서의 은혜를 통해 살아감을 믿는다. 우리는 최악의 상황뿐만 아니라 최고의 자리에서도 모든 것이 오직 은혜임을 믿는다.

심지어 우리가 은혜에서 멀어지고, 심지어 우리의 마음이 차가워져 주님을 잊고 그분의 길을 불신할지라도, 그분은 결코 우리를 저버리지 않으신다는 것을 강하게 믿는다. 주님의 신실함이 우리의 믿음 없음보다 깊으며, 주님의 의지가 우리의 불순종보다 강하다. A.D. 7세기 시리아의 아이작[Isaac]은 하나님의 은총에 대하여 다음과 같이 설교하였다.

하나님의 그 크신 마음에 비하면 인간의 죄악은, 큰 바다에 위에 뿌려진 한 줌의 모래에 불과하다. 한 줌의 먼지가 힘차게 흐르는 시냇물의 흐름을 방해하지 못하듯, 피조물의 [죄]가 창조주의 은총을 가로막을 수 없다.[40]

"몸의 부활과"

 사도신경은 처음부터 끝까지, 그리고 한결같이 물질세계의 중요성을 강조한다. 즉, 물질과 육체를 부정하는 영지주의와는 반대로, 이 오래된 교리문답은 하나님을 이 세상의 창조주이자 구원자, 그리고 이 세상을 거룩하게 하시는 주로 고백한다. 육체의 생명은 하나님과 이질적이지 않다. 육체도 하나님의 창조물이며 하나님의 사랑으로 만들어진 것이다.

사도신경은 먼저, 하나님을 '천지의 창조주'라 선포하며 시작한다. 이는 영적 세계뿐만 아니라 물질세계의 모든 것을 하나님께서 창조하셨다는 고백이다.

사도신경의 두 번째 단락은 하나님의 아들이 인간의 몸을 입고 이 세상에 오셨다고 고백한다. 고대의 영지주의 교사들은 여성의 몸을 가장 끔찍한 것으로 여겼다. 그러나 기독교인들에게 있어 여성의 몸은 이 세상에서 가장 신성하고 거룩한 일이 이루어지는 장소이다. 창조세계에 대한 하나님의 모든 계획은 바로 여기, '성령으로 잉태되어 동정녀 마리아에게서 태어나신' 사건에 초점이 맞춰져 있다. 하나님의 아들은 육체 가운데 고난을 받으셨고, 십자가에 못 박혀 돌아가셨다. 그분은 장사 되셨지만, 육체 가운데 다시 살아나사 지금도 부활의 영광 안에서 여전히 우리의 연약함을 함께 감당하신다.

세 번째 단락에서, 사도신경은 하나님의 영이 이 세상에서 우리와 함께 계신다고 고백한다. 성도들은 언제든 성령님의 능력과 임재를 경험할 수 있다. 그분은 저 높은 하늘에 거하시는 것이 아니라 여기, 우리 곁에 계신다. 성령님께서 '육신의 친구가 되어주심'[41]으로써, 부활의 생명은 이미 우리의 평범한 삶 속에서 시작되었다. 그래서 성령 안에서 동행하는 오늘 하루는 우리가 간절히 기다리고 소망하던 바로 그 삶이다.

신약성경 전반을 아우르는 주요한 흐름 중 하나는 육신의 부활에 대한 믿음이다. 그러나 신약성경은 부활의 본질에 대해 구체적으로 언급하지 않는다. 사복음서 또한 부활을 자세히 설명하려고 애쓰지 않는다. 심지어 마가는 예수님이 부활하셨다는 언급조차 하지 않았다. 단지 무덤은 텅 비어 있었

고, 그 이유를 이해하는 것은 독자의 몫으로 남겨두었을 뿐
이다(막 16:1-8).[42] 다른 복음서들도 부활하신 예수님을 이
야기하지만, 부활 사건 자체에 관한 자세한 설명은 하지 않
는다(마 28장, 눅 24장, 요 20장). 제자들이 도착했을 때 무
덤은 이미 비어 있었고, 부활은 비밀리에 일어났다. 부활은
어디에서 일어났을까? 무덤에서? 지옥에서? 천국에서? 어
디서 어떻게 되었든 간에 부활은 이미 일어난 사건이었다.
그저 제자들 앞에 놓여 있는 것은 믿을지 말지에 대한 결단
뿐이었다.

신약성경에서 그나마 부활에 관해 자세히 설명한 본문은
고린도전서 15장에 나오는 바울의 변론이다. 바울은 우리도
그리스도께서 부활하신 것과 같은 방식으로 살아나게 될 것
이라 주장하였다. 그러나 우리는 부활이 어떤 모습인지 명확
히 알 수가 없다. 그래서 바울은 씨앗의 특성을 통해 부활을
설명하고자 했다(고전 15:35-49). 물론 바울도 다른 복음서
들과 마찬가지로 부활 그 자체에 관해 설명하고 있는 것은
아니다. 다만 씨앗과 나무의 신비로운 관계를 통해 부활의
의미를 설명하고, 우리의 이해를 돕고자 했다.

지금의 육체가 씨앗이라면, 부활 후의 모습은 나무와 같
다. 외견상 씨앗과 나무는 전혀 닮지 않았다. 작은 씨앗을 보
면서 커다란 나무의 형태를 짐작하기란 어렵다. 그러나 씨앗

이 땅에 심기면 거기로부터 나무가 자라난다. 이 둘의 정체성은 똑같다. 이와 같은 방식으로, 바울은 필멸할 우리의 몸이 그리스도 안에 심기고 다시 그 안에서 불멸로 살아날 것이라고 말했다. 바울은 이것이 "신비"(고전 15:51)라고 말했다. 다가올 삶에서 우리는 지금과 똑같은 사람이면서 동시에 상상할 수 없을 정도로 다른 존재가 되어 있을 것이다. "우리가 다 잠들 것이 아니라 눈 깜빡할 사이에 완전히 변화될 것이다"(고전 15:51-52).

여기서 바울은 부활 자체에 대해선 직접 설명하지 않음으로써 오히려 부활이 지닌 의미를 설명하고 있다. 그는 씨앗과 나무의 신비로운 관계에 초점을 맞추며 이를 통해 설명하고자 하였다. 바울은 우리가 부활의 본질에 대해 상상해보고 이해하도록 이끈다.

그렇다면 우리가 육신의 부활을 믿는다고 말할 때, 우리가 실제로 믿고 있는 것은 무엇일까? A.D. 3세기 신학자 오리게네스Origenes는 자신의 설교에서, 세례문답을 할 때 육신의 부활을 복수형bodies이 아닌 단수형body으로 고백해야 한다고 말했다.[43] 즉, 마지막 때의 부활은 성도들의 개별적인 부활이 아니라, 그리스도를 머리로 두고, 모든 인류가 연합하여 그리스도 안에서 한 몸이 되어 부활하는 것으로 봐야 한다고 주장하였다. 오리게네스의 주장은 마른 뼈 골짜기에 대한 에스겔의 환상에 일부 근거를 둔다. 에스겔이 본 환상은 개개인의 부활이 아니라, '이스라엘 온 집안'의 공동체적 부활이었다(겔 37:11). 마찬가지로 그리스도인의 소망은 자기 자신을 위한 소망으로 그쳐서는 안 된다. 그것은 공동체적 소망이며, 온 인류를 향한 소망이다. 따라서 내가 당당히 소망할 수 있는 유일한 미래는 나와 이웃을 포함하는 공동체적인 삶이다.

오리게네스는 여기서 한 걸음 더 나아가, 만약 예수님이 머리가 되신다면 그분은 반드시 자신의 몸이 모두 모이기를 기다리고 계실 것이라고 말하였다. 이는 마치 예수님의 부활이 아직 완성되지 않은 것 같다. 완전한 몸을 이루기까지의 과정을 오리게네스는 "예수 그리스도의 즐거운 기다림"이라고 표현했다. 만일 온 세상이 구원을 받았다 할지라도 한 사람이 아직 구원을 받지 못했다면, 예수님의 기쁨은 여전히 완전하지 못하다. 천국 잔치는 보류될 것이고, 그분은 축배를 들지 않은 채, 계속해서 기다리실 것이다.

구원받은 이들이 한 몸을 이루는 것이 하나님의 뜻이라면, 다가올 영원한 생명의 기쁨은 어느 정도 우리 각자에게 달려 있다. 예수님은 우리 모두가 그분과 함께 거할 때까지 기다리며 그분의 기쁨을 미루어 두실 것이다. 이것이 오리게네스가 도달한 놀라운 결론이다.

　우리는 여전히 다가올 세상에서의 삶의 모습을 명확하게 그리기가 어렵다. 그렇다면 그리스도인은 어떤 소망을 품으며 기다려야 할까? 아마도 장차 이루어질 부활의 소망은 공동체적이고, 한 몸이 되어 예수님과 성도 간의 교제에 중심을 둔 새로운 세상일 것이다. 우리는 이러한 소망을 내세에 대한 막연한 추측이 아닌, 부활하신 예수님을 기억하고, 믿음으로 받아들임으로써 얻을 수 있다. 모든 것을 차치하더라도 우리가 예수님에 대해 분명히 알고 있는 한 가지 사실은, 그분이 인류에 대한 사랑으로 가득 찬 분이라는 것이다. 따라서 우리가 기다리는 부활은 사랑으로 가득 찬 삶일 것이다.

"영생을 믿습니다"

영원한 삶을 산다는 것은 의외로, 생각보다 매력이 없다. 죽음^死이 없다면 삶^生에 대하여 정의^{定義}하기 어렵다. 죽음이 없는 삶이란 아이러니 하게도 무의미하다. 아르헨티나의 작가 호르헤 보르헤스 Jorge Luis Borges(1899~1986)는 영생의 강물을 마시고 불멸의 존재가 된 한 남자의 이야기를 들려준다. 어느 날 그 남자는 불멸의 능력을 없앨 수 있는 또 다른 강에 대해 알게 되었다. 그래서 그는 자신의 끝없는 삶의 저주를 끊어버리고자, 수백 년 동안 세계 곳곳의 샘과 강을 찾아다니며 그 물을 마셨다. 보르헤스는 "죽음은 인간을 애처로우면서도 소중하게 만든다. 인간이 하는 모든 행동은 언제든 그들의 마지막이 될 수 있기에, 그들의 영혼은 감동적이다."라고 썼다.[44]

단지 오래 산다고 해서 더 좋은 인생이 되는 것은 아니다. 진정 중요한 것은 삶의 질이다. 사도신경의 영어판은 "영원히 사는 것the life everlasting"이라고 번역한다. 이러한 번역은 마치 인생이 그저 끝없이 계속되는 것처럼 느껴진다. 더 나은 번역은 "영생eternal life"이다. 사도신경은 신약성경, 특히 요한복음에서 자주 언급되는 이 단어를 빌려왔다. 요한에게 있어서 '영생'은 양量이 아닌 질質에 관한 것이었다. 영생은 성도들이 예수님 안에 거할 때 경험하게 되는 삶의 풍성함이다. "아들을 믿는 자에게는 영생이 있고"(요 3:36), "내 말을 듣고 또 나 보내신 이를 믿는 자는 영생을 얻는다"(요 5:24).

요한은 영생에 대하여 우리가 예수님과 같아지게 되는 것이라고 말할 뿐, 달리 이 특별한 삶에 대한 정의를 내리지 않았다. 하나님의 아들은 진정한 생명으로 충만한 분이시다. 살아 있는 모든 것이 그분을 통해 존재한다(요 1:3-4). '영생'은 예수님의 호칭으로 사용되기도 한다. 그분은 "아버지와 함께 계시던 영원한 생명"으로 불렸다(요일 1:2). 이 생명의 원천이 되시는 분께 가까이 나아갈 때, 우리는 진정한 생명의 충만함을 그분과 함께 누리게 된다. "영생은 곧 유일하신 참 하나님과 그가 보내신 자 예수 그리스도를 아는 것이다"(요 17:3).

따라서 우리가 영생을 믿는다고 고백할 때, 우리는 삶의 지속 시간이 아닌 관계에 대해 이야기 하게 된다. 예수님의 성품 안에서, 우리는 오직 영원이라고 밖에는 표현할 수 없을 정도로 아주 풍성한 삶의 질을 경험하게 된다. 예수님께서 다음과 같이 말씀하셨다. "내가 온 것은 양으로 생명을 얻게 하고 더 풍성히 얻게 하려는 것이라"(요 10:10).

연인들이 서로를 끌어안을 때, 그들은 종종 시간이 멈춰 버린 것 같은 느낌이나, 온 세상이 그들의 작은 방보다도 더 작아진 것 같아, 마치 이곳만이 세상의 전부인 듯한 느낌을 받는다. 사랑의 강렬한 경험은 우리의 평범한 인식을 바꿀 수 있고, 마치 우리가 시간과 공간의 한계를 넘어선 것처럼 느끼게 한다. 그래서 그토록 많은 시인들과 철학자들이 사랑의 '영원성'을 이야기하는 이유기도 하다. 그러나 이는 세상 모든 사랑이 비극적인 경험을 하게 되는 원인이기도 하다. 사랑하는 동안 우리는 시간을 초월하는 것처럼 느끼지만, 이 순간이 영원할 수 없다는 것 또한 안다. 인간의 사랑은 연약하고 덧없다. 시간은 결국 모든 것을 거두어 간다.

어쩌면 영생은 사랑의 그 강렬한 경험과 비슷하면서도, 비극적인 결말은 없는 것이라고 할 수 있다. 우리가 충만한 삶을 경험할 때, 죽음은 힘을 잃게 된다. 예수님은 "나는 부활이요 생명이니 나를 믿는 자는 죽어도 살겠고 무릇 살아서 나를 믿는 자는 영원히 죽지 아니하리니"라고 말씀하셨다

(요 11:25-26). 예수님은 진정한 생명으로 충만한 분이시며, 그분에겐 죽음조차도 삶의 또 다른 방식일 뿐이다. 우리가 생명의 근원이 되시는 예수님께로 가는 길을 찾게 될 때, 사망은 더 이상 우리에게 진정한 죽음이 아니라는 것을 알게 된다. 죽음조차 예수님과 우리의 관계를 갈라놓을 수 없다. 오히려 그리스도인의 죽음은 우리가 그분을 만날 수 있는 또 다른 장소가 된다. 우리가 어디로 가든지 그분은 그곳에서 우리를 기다려 주신다.

13세기 이탈리아 아시시Assisi의 수도사 프란체스코St. Francis (1182~1226)는 '태양의 찬가Canticle of the Sun'라는 유명한 찬송시를 썼다.[45] 프란체스코는 모든 것을 하나님의 사랑의 눈으로 보았으며, 이 세상의 모든 피조물은 그에게 친구였다. 그는 태양과 불을 형제로, 달과 물을 자매로 여기며 이들에게 찬사를 보냈다. 그리고 그는 세상 모든 만물에게 그의 기쁨을 전파한 후, 눈을 돌려 '죽음'까지도 친구로 맞이하였다. 프란체스코는 마치 두려워하는 방법을 잊어버린 사람처럼 행동하며, 생명의 근원으로 가는 길을 찾았다. 그는 어디에서든 예수님을 만났으며, 심지어 죽음 안에서도 예수님을 만났다. 그래서 그에게 죽음은 진정으로 죽는 것이 아니라 단지 생명으로 더 깊이 들어가는 과정일 뿐이었다.

작은 방에서 서로를 끌어안고 있는 연인들은 시간의 흐름이나 바깥세상의 존재를 잊는다. 그들은 순식간에 시간을 초월하여 영원한 순간으로 들어간다. 그렇게 한순간에 전全 존재가 사로잡힌다는 것은 어떤 의미일까? 어쩌면 우리는 죽음조차 뛰어넘었다는 사실을 알아채지 못했을지도 모른다. 그만큼 생명과 사랑에 깊이 빠져드는 것이다. 이레나이우스 St. Irenaeus는 영생을 "축복받은 망각"이라고 표현하였다. 그는 언젠가 성도들이 "죽는 것조차 잊어버린 채", 하나님의 생명에 완전히 참여하게 될 것이라고 말했다.[46]

"아멘"

나는 지금까지 사도신경에 담겨 있는 신앙의 본질을 설명하고자 노력했으나, 결국 수박 겉 핥기에 그친 것 같다. 사도신경의 모든 구절은 복음의 신비에 맞닿아 있다. 우리는 지금까지 눈에 보일 듯, 손에 잡힐 듯하면서도 완전히 파악하기 어려운 신앙적인 용어들을 다루었다. 이 세상의 모든 공기를 들이 마셔본 사람이 없듯이, 지금까지 사도신경을 온전히 이해한 사람 또한 없다.[47]

그런 의미에서, 우리가 '아멘'이라는 엄숙한 고백으로 사도신경을 마무리하는 것은 이상한 일이다. 사도신경을 아멘으로 끝맺는 것은 최종 서명란에 내 이름으로 써넣는 것과 같다. 아멘은 이 고백을 확정 짓고 인정하는 것이다. 그러나 우리는 사도신경을 고백하면서도 정작 그 의미를 거의 이해하지 못한다. 그런 우리가 어떤 자격으로 '아멘'이라 고백할 수 있을까?

한번은 친구 중 하나가 자신은 동정녀 탄생에 대한 부분에 이르면 손가락을 꼰다고(검지와 중지를 겹쳐 꼬는 동작으로, 드러내 보이면 행운을 의미하지만 뒤로 숨긴 채 동작을 취하면 거짓말을 의미) 이야기해준 적이 있다. 그때 나는 이렇게 반문했다. "뭐? 그럼 넌 사도신경의 다른 부분들은 너무 쉬워서 손가락 한번 까딱 않고 고백할 수 있다는 거야? 나머지 부분들은 완전히 이해된다는 뜻이야? 동정녀 탄생을 제외하면 창조나 성육신, 부활, 최후의 심판까지 모든 것을 검증할 수 있다는 건가?"

믿음의 신비에 대해 묵상하는 사람들 중 일말의 의심 한번 느껴보지 않은 이가 있을까? 정말 진심을 담은 '아멘'으로 화답할 수 있는 사람이 몇이나 될까? 사도신경의 마지막 구절을 고백하면서 손가락을 꼬아야 할 사람은 바로 우리가 아닐까? "오호, 저도 그랬으면 좋겠네요!"라는 말로 사도신경을 마무리해야 하는 것은 아닌가? 그 어느 누가 당당하게 '아멘'이라고 대답할 수 있을까?

바울은 고린도 교회에 편지를 보내며 다음과 같이 기록하고 있다.

하나님께서는 신실하십니다. 따라서 우리가 여러분에게 하는 말은 '예' 하면서, 동시에 '아니오' 하는 것은 아닙니다. … 여러분에게 선포한 하나님의 아들 예수 그리스도는 '예' 이시며 동시에 '아니오'도 되시는 분이 아니었습니다. 그리스도 안에는 '예'만 있을 뿐입니다. 하나님의 모든 약속은 그리스도 안에서 '예'가 됩니다. 그러므로 그리스도로 말미암아, 우리는 '아멘' 하면서 하나님께 영광을 돌리는 것입니다.(고후 1:18-20 표준새번역)

사도신경의 모든 구절은 하나님의 계획과 섭리, 그리고 하나님께서 행하신 일에 관한 것이다. 심지어 마지막에 '아멘'을 소리 내어 말하는 것도 우리의 힘이 아닌, 하나님의 신실하심을 의지하여 고백하는 것이다. 우리는 하나님의 얼굴을 구하고 하나님의 모든 방식과 행하신 일을 아는 예수님의 사역에 동참하고 있다. 그래서 우리는 사도신경을 고백할 때, 작지만 희망찬 우리의 목소리로 예수님의 강력하고 영원불변한 '아멘'을 외칠 수 있다.

이제 우리는 다시 사도신경의 처음, '나는'이라는 고백의 출발점으로 돌아온다. 이 '나'는 누구인가? '나는 믿습니다'에 이어 '아멘'이라 고백하는 이 목소리의 주인은 누구인가?

오늘날 많은 교회들에서 '나'를 '우리'로 대체하는 경향이 있다. 아마도 '나'라는 고백은 개인주의적인 느낌이 들고, 복수형으로 바꾸는 것이 공동체 의식과 정체성을 키우는 데 도움이 된다고 여기기 때문일 것이다. 그래서 신앙고백을 "우리는 믿습니다"로 바꾸기도 한다. 마찬가지로 찬송가도 때때로 '우리'라는 단어의 선호로 인해 개정되기도 했다. 이러한 표현 방식이 옳은 것일까?

　흥미롭게도, 초기 기독교인들은 이와는 정반대의 관점을 가지고 있었다. 시편 121편에 대한 주해註解에서, 아우구스티누스St. Augustine는 '나'는 공예배의 적절한 상징이며, '우리'라는 표현이 오히려 더 개인주의적이라고 주장하였다.

　마치 한 사람이 부르듯, [찬송하는 이들은] 모두 각자의 마음에서 우러나오는 노래를 부르자. 정말로, 단 한 사람인 것처럼 하나 되어 찬송하자. 각자가 시편을 고백하지만 우리 모두가 그리스도 안에서 하나이기에, 시편을 노래하는 소리는 단 한 사람의 목소리이다. 그래서 "주여, 우리가 눈을 들어 당신을 바라봅니다."라고 하지 않고, "주여, 내가 눈을 들어 당신을 바라봅니다."라고 고백하는 것이다. 물론 각자의 마음을 다한 기도는 하나님께 드리는 개인의 기도가 분명하지만, 동시에 그리스도와 연합하여 하나 된 우리의 기도는 온 세상을 아울러 존

재하는 한 사람의 기도이기도 하다.[48]

아우구스티누스의 요점은 교회가 원자론적原子論的인(각자 독립적인 개체로서의) 개인들의 집합체가 아니라는 것이다. 단순히 서로 다른 목소리들이 합심하여 시편을 찬양하거나 신앙고백을 하면 되는 문제가 아니다. 정확히 말해서, 교회는 하나의 목소리를 낸다. 내가 '나는 믿습니다'라고 고백하는 것은 매우 개인적이다. 나는 이 고백이 나에게만 해당하는 것처럼 말한다. 그러나 곧 '개인적인 나'의 안팎과 주변에서 밀려오는 훨씬 더 커다란 목소리를 듣게 된다. 나의 목소리가 참여하는 '공동체로서의 나'가 있다. 이 '공동체적인 나'는 그리스도의 몸이다. 이 몸은 그리스도 자신이며, 그분은 새로운 공동체의 머리가 되신다. 아우구스티누스의 관점에서, 기도하고 찬양하고 아멘이라 선언하는 이는 궁극적으로 '예수 그리스도' 한 분이다.

> "전 세계에 흩어져 있는 그리스도의 몸 된 지체들은 하나님의 도우심을 구하는 단 한 사람과 같으며, 한 명의 간구하는 자이자, 한 명의 가련한 탄원자와 같다. 이는 부자에서 가난한 자가 된 예수 그리스도 자신이 바로 그 가련한 한 사람이기 때문이다."[49]

따라서 우리가 세례를 받을 때 선포하는 믿음은 궁극적으로 예수님, 그분의 믿음이다. 그분은 진정으로 하나님께 의지하고 하나님을 전적으로 신뢰하시는 분이다. 세례를 통해 우리는 예수님의 믿음과 하나가 되어, 그분과 하나님의 특별한 관계 가운데로 들어가게 된다. 우리가 "나는 믿습니다"라고 고백할 때, 우리는 예수님 안에서 말하는 것이다. 이는 마치 우리가 "아빠 아버지"라고 외칠 때, 성령을 통해 우리 안에서 울려 퍼지는 그분의 목소리와 같다. 우리는 우리의 고백과 기도로 하나님을 향한 예수님의 화답에 동참하고, 그분의 '아멘'에 우리의 목소리를 참여한다.

복음서에서 예수님은 종종 중요한 말씀을 하실 때면, "내가 진실로 진실로 네게 이르노니 ^{Amen, Amen, I tell you…}"로 시작하신다.[50] 그분은 홀로 아멘을 외칠 권한이 있으시다. 그분의 아멘은 다른 사람의 말에 대한 동의가 아니라 자신의 권위를 선포하는 외침이다. 그분의 말씀은 참 진리이다. 이는 그분의 말씀이 참과 거짓을 판단하는 외부의 어떤 기준에 부합하기 때문이 아니라, 당신이 곧, 다른 모든 현상의 진위^{眞僞}를 판단하는 절대적 기준이시기 때문이다. 그분은 하나님의 깊은 것을 보시고, 우리에게 그 본 것을 말씀해 주시는 분이시다. 그분의 말씀은 '예^{Yes}'이자, '아멘^{Amen}'이시다. 사실, 요한계시록은 그분을 "아멘이시요 충성되고 참된 증인"(계 3:14)

이라고 이름을 붙이기까지 했다. 그분은 하나님을 향한 살아 있는 '아멘'이시다.

사도신경을 마치면서, 우리가 그분의 고백에 함께 참여하는 것 외에 달리 무엇을 더 할 수 있을까? 귀를 기울여, 하나님을 향한 예수님의 반응에 집중해 보자. **"나는 믿습니다 … 아멘!"**, 이것으로 충분하다. 그리고 이 모든 영광을 성부와 성자와 성령 하나님께 올려드리자!

옮긴이의 말

벤 마이어스의『사도신경』을 읽다 보면, 우리
가 늘 암송하고 고백하는 '사도신경'과는 사뭇
다르게 느껴진다. 그는 우리에게 낡고 케케묵
은 전통을 강요하지 않는다. 오히려 사도신경을 통해 현대인
들의 영적인 갈망과 신앙적인 고민에 시원한 해답을 던져준
다. 이렇게 우리는 더욱 사도신경에 담긴 영적인 신비에 관
심을 가지게 되고, 우리에게 주어진 신앙의 전통과 유산의
가치를 재발견하게 된다.

사도신경의 기원은 사실 모호하다. 사도들이 만들었다는
설도 있지만, 저자를 알 수 없으며 언제 내용이 확정되었는
지도 확실치 않다. 하지만 분명한 것은 초대교회 때부터 세

례를 앞둔 교인들을 가르치기 위해 만든 신앙고백이 오랜 시간에 걸쳐 내용이 풍부해지고 다듬어지면서 오늘의 형태를 가지게 되었다는 것이다.

어떤 이들은 사도신경이 주기도문이나 십계명과는 달리 성경에 직접 기록된 것이 아니어서 신뢰할 수 없다고 주장하기도 한다. 사도신경은 절대로 성경을 대신하거나 성경보다 높은 권위를 가질 수 없다. 하지만 기독교 역사와 전통 안에서 사도신경보다 오랜 검증의 과정을 거쳐 보편적으로 고백이 되는 '신앙고백'은 없다. 사도신경은 무엇 하나 쉽게 더하거나 뺄 수 없을 정도로 기독교 신앙의 핵심을 잘 요약하고 있다.

벤 마이어스의 『사도신경』을 우리말로 번역하면서 가장 흥미롭게 볼만한 부분은 "지옥으로 내려가셨다가"에 대한 부분이다. 사도신경이 기독교의 핵심진리를 담고 있음에도 불구하고 우리말로 번역되는 과정에서 이 부분이 의도적으로 누락 되었다. 왜 이런 일이 있었을까? 이 부분에 관한 교회사적인 해석이 분분하다. 어떤 이들은 그리스도의 지옥강하 地獄降下에 대한 부분이 개신교에서는 인정하지 않는 로마 가톨릭의 연옥설을 떠올리게 하여 의도적으로 삭제했다고 말한다. 그리고 또 어떤 이들은 다양한 개혁 교단의 선교사들이 한국에 들어오면서 이 단락에 대한 각 교단의 해석이 달랐기 때문에 연합의 차원에서 이 부분을 누락시키기로 합의했다고 말하기도 한다. 하지만 이러한 역사적 정황과는 상관없이, 칼빈은 기독교 강요綱要에서 특별히 이 조항에 대한 해석을 언급했을 정도로 '그리스도의 지옥강하'를 중요하게 여겼다(기독교 강요 1559년 최종판 1권 16장 8-12).

칼빈은 사도신경 원문의 그리스도께서 지옥에 내려가셨다는 고백에 대하여, 빠뜨려서는 안 될 부분이라고 말했다. 그는 이 조항이 삭제될 경우, 그리스도의 죽으심에 대한 많은 은택恩澤을 잃어버리게 될 것이라고 우려하기도 했다. 여기서 주의해야 할 부분은 그리스도의 지옥강하 조항이 죽은 자들에게 두 번째 구원의 기회를 주려는 것이 아니라는 것이다. 칼빈은 예수님의 지옥강하에 대하여 그분의 죽으심의 능력이 죽은 자들에게도 살아 있는 자들과 동일하게 선포된 것으로 보았다. 하지만 이로써 이전에 죽은 신자들은 살아 있는 이들과 동일한 은혜를 나누게 되겠지만, 악인들은 도리어 그들이 모든 구원에서 배제되었음을 보다 분명하게 인식하게 되리라는 것이 칼빈의 주장이었다. 칼빈은 더 나아가 '그리스도의 지옥강하'에 따른 은총에 대하여 말했다. 그리스도는 육체의 죽음만 겪으신 것이 아니라 지옥까지 내려가셔서 우리가 지옥에서 받아야 할 하나님의 진노까지도 다 담당하셨다는 것이다. 우리에게 이보다 더 큰 은총이 어디 있을까. 우리는 이 고백을 통하여 예수님께서 지옥의 불구덩이까지 내려오심으로 지옥문을 깨뜨리고 승천하신 그분의 능력과 영광을 더욱 찬란하게 경험하게 된다.

이밖에도 사도신경에는 우리가 미처 깨닫지 못한 영적인 자원이 너무나도 풍부하다. 그런 의미에서 벤 마이어스의 『사도신경』을 한국의 독자들에게 소개한다는 것은 큰 기쁨이다. 간절히 바라기는, 이 책이 널리 읽혀 이전에 맛보지 못했던 영적인 감격과 변화의 물결이 오늘의 한국교회와 성도들에게 충만하게 흘러넘치게 되기를 기대한다.

벤 마이어스의 『사도신경』을 번역하면서 하나님이 보내주신 천사 같은 분들의 격려가 큰 힘이 되었다. 먼저는 이 보화를 발견하여 귀한 사역에 함께할 수 있도록 손을 내밀어준 솔라피데출판사에 감사한다. 또한, 용기 내어 그 손을 잡을 수 있도록 독려해준 조에의 식구들(신아, 현경)과 주님의 몸 된 교회와 하나님 나라를 위해 수고하면서도 번역에 풍부함을 더해준 내 영혼의 친구들에게도 감사한다. 그리고 늘 한

결같은 지지로 함께 해준 아내와 사랑스러운 세 아이, 지안, 고은, 가은에게 고마움과 사랑의 마음을 전한다. 그리고 무엇보다, 『사도신경』으로 『크리스천 에센셜』 시리즈의 첫발을 내디딜 수 있도록 모든 상황을 허락하신 전능하신 나의 아버지 하나님께 진심으로 영광과 찬송을 올려 드린다.

늦가을에
김용균

미주

1. 이레나이우스, Against the Heresies 1.10.1.
2. 히폴리투스, On the Apostolic Tradition, 133 – 36.
3. 이레나이우스, Against the Heresies 1.10.1.
4. 이레나이우스, On the Apostolic Preaching 1.1.7.
5. 「How to Do Things with Words」에서 J. L. 오스틴이 구별한 정의를 사용한다.
6. 아우구스티누스, Confessions 6.5.7.
7. 아우구스티누스, Sermon 118.1.
8. 아타나시우스, Against the Pagans 29.
9. 나지안주스의 그레고리우스, Oration 31.7.
10. 나지안주스의 그레고리우스, Oration 29.16.
11. 아타나시우스, On the Council of Nicaea 24.
12. 테르툴리아누스, Against Praxeas 10.
13. 아우구스티누스, Exposition of Psalm 58.1.10.
14. 사라 코클리, Powers and Submissions, 37.
15. 아돌프 폰 하르나크, Marcion: The Gospel of the Alien God.
16. 니사의 그레고리우스, Catechetical Oration 7; in Christology

of the Later Fathers.

17. 니샤의 그레고리우스, Fourth Homily on Ecclesiastes 335.11.
18. 히폴리투스, Commentary on Daniel 4.11.
19. 오리게네스, On First Principles 2.6.6.
20. 세루그의 제이콥, On the Mother of God 50 – 51.
21. 루이스 캐럴, Through the Looking Glass, chapter 5.
22. 칼 바르트, Dogmatics in Outline, 108.
23. 나지안주스의 그레고리우스, Oration 14.40.
24. 이레나이우스, Against the Heresies 2.22.4.
25. 니샤의 그레고리우스, Catechetical Oration 32.
26. 노리치의 줄리안, Revelations of Divine Love, chapter 51.
27. 요하네스 크리소스토모스, Homily on Saint Eustathius 4; in The Cult of the Saints.
28. 아타나시우스, On the Incarnation 29.
29. 아타나시우스, On the Incarnation 10.
30. 이레나이우스, Against the Heresies 2.22.4.
31. "Ngambuny Ascends"라는 제목의 이 그림은 로드 파텐덴의 "Seeing Otherwise: Touching Sacred Things", 24 – 25를 논한 것이다.
32. 이레나이우스, Against the Heresies 5.36.2.
33. 시리아의 아이작, Homily 28.
34. 시리아의 아이작, Homily 28.
35. 니샤의 그레고리우스, On the Soul and the Resurrection 84.
36. 바실리우스, On the Holy Spirit 9.22.
37. 토마스 아퀴나스, Sermon–Conferences of St. Thomas Aquinas on the Apostles' Creed, 129.
38. 오리게네스, Contra Celsum, 4.
39. 아우구스티누스, Exposition of Psalm 36.2.11.
40. 시리아의 아이작, Homily 51.

41. 유진 F. 로저스, After the Spirit, 70.
42. 마가복음이 가장 짧은 결말임이 확실하다고 추정한다. (편집자 주-해당 본문의 다른 복음서들은 더 길다. 마 28:1-10/ 눅 24:1-12/ 요 20:1-18)
43. 오리게네스, Homily 7 on Leviticus.
44. 호르헤 루이스 보르헤스, "The Immortal" in Collected Fictions, 192.
45. 가장 대중적인 영어판은 윌리엄 헨리 드레이퍼의 버전인 "온 천하 만물 우러러(All Creatures of Our God and King)"이다.
46. 이레나이우스, Against the Heresies 5.36.2.
47. 나지안주스의 그레고리우스, Oration 30.17.
48. 아우구스티누스, Exposition of Psalm 122.2.
49. 아우구스티누스, Exposition of Psalm 39.28.
50. 종종 영어판 성경에서 "truly, truly" 또는 "very truly"로 번역한다.

교부들의 사용된 저서

아타나시우스. Contra Gentes and De Incarnatione. Translated by Robert W. Thomson. Oxford: Clarendon, 1971.

————. On the Incarnation. Translated by John Behr. Popular Patristics. Crestwood, NY: St. Vladimir's Seminary Press, 2011.

————. On the Council of Nicaea (De Decretis). In Athanasius. Translated by Khaled Anatolios. London: Routledge, 2004.

아우구스티누스. Confessions. Translated by Maria Boulding. The Works of St. Augustine: A Translation for the 21st Century I/1. 2nd ed. Hyde Park, NY: New City Press, 2012.

————. Expositions of the Psalms. Translated by Maria Boulding. The Works of St. Augustine: A Translation for the 21st Century III/15 – 20. 6 vols. Hyde Park, NY: New City Press, 2000 – 2004.

————. Sermons 94A – 147A. Translated by Edmund Hill. The

Works of St. Augustine: A Translation for the 21st Century III/4. New York: New City Press, 1992.

바실리우스. On the Holy Spirit. Translated by Stephen Hildebrand. Popular Patristics. Crestwood, NY: St. Vladimir's Seminary Press, 2011.

요하네스 크리소스토모스. The Cult of the Saints. Translated by Wendy Mayer. Popular Patristics. Crestwood, NY: St. Vladimir's Seminary Press, 2006.

나지안주스의 그레고리우스. On God and Christ: The Five Theological Orations. Translated by Frederick Williams and Lionel Wickham. Popular Patristics. Crestwood, NY: St. Vladimir's Seminary Press, 2002.

――. Select Orations. Translated by Martha Vinson. Fathers of the Church. Washington, DC: Catholic University of America Press, 2003.

니샤의 그레고리우스. On the Soul and the Resurrection. Translated by Catharine P. Roth. Popular Patristics. Crestwood, NY: St. Vladimir's Seminary Press, 1993.

――. An Address on Religious Instruction. In Christology of the Later Fathers, edited by Edward Rochie Hardy, 268-325. Library of Christian Classics. London: SCM, 1954.

――. Homilies on Ecclesiastes. Edited by Stuart George Hall. Berlin: Walter de Gruyter, 1993.

히폴리투스. Kommentar zu Daniel. Edited by Marcel Richard. Vol. 1.1 in Hippolyt Werke. Berlin: Academie Verlag, 2000.

――. On the Apostolic Tradition. Edited by Alistair C. Stewart. Popular Patristics. 2nd ed. Crestwood, NY: St. Vladimir's Seminary Press, 2015.

이레나이우스. Against the Heresies. Translated by Dominic J. Unger. New York: Newman Press, 1992 – 2012.

──. On the Apostolic Preaching. Translated by John Behr. Popular Patristics. Crestwood, NY: St. Vladimir's Seminary Press, 1997.

시리아의 아이작. The Ascetical Homilies of Saint Isaac the Syrian. 2nd ed. Boston: Holy Transfiguration Monastery, 2011.

세루그의 제이콥. On the Mother of God. Translated by Mary Hansbury. Popular Patristics. Crestwood, NY: St. Vladimir's Seminary Press, 1998.

오리게네스. On First Principles. Translated by John Behr. 2 vols. Oxford: Oxford University Press, 2017.

──. Contra Celsum. Translated by Henry Chadwick. Cambridge: Cambridge University Press, 1953.

──. Homilies on Leviticus, 1 – 16. Translated by Gary Wayne Barkley. Fathers of the Church. Washington, DC: Catholic University of America Press, 1990.

테르툴리아누스. Against Praxeas. Translated by Ernest Evans. London: SPCK, 1948.

참고 도서

J. L. 오스틴. How to Do Things with Words. Cambridge,
        MA: Harvard University Press, 1962.

칼 바르트. Dogmatics in Outline. Translated by G. T. Thomson.
        London: SCM, 1949.

호르헤 보르헤스. "The Immortal." In Collected Fictions,
        translated by Andrew Hurley, 183 – 95. New York:
        Penguin, 1998.

루이스 캐럴. Through the Looking Glass. London: Penguin, 1994.

사라 코클리. Powers and Submissions. Oxford: Blackwell, 2002.

아돌프 하르나크. Marcion: The Gospel of the Alien God.
        Translated by John E. Steely and Lyle D. Bierma.
        Durham: Labyrinth, 1990.

노리치의 줄리안. Revelations of Divine Love. Translated by
        Elizabeth Spearing. London: Penguin, 1998.

로드 파텐덴. "Seeing Otherwise: Touching Sacred Things."
        In Indigenous Australia and the Unfinished Business
        of Theology, edited by Jione Havea, 17 – 30.
        New York: Palgrave Macmillan, 2014.

유진 로저스. After the Spirit. Grand Rapids: Eerdmans, 2005.

토마스 아퀴나스. Sermon—Conferences of St. Thomas Aquinas
        on the Apostles' Creed. Translated by Nicholas Ayo.
        Notre Dame: University of Notre Dame Press, 1998.

성구 색인

인명 색인

옮긴이 **김용균**은 복음으로 청년들의 가슴에 감동과 영감을 불어 넣는 말씀 사역자로, "기본으로 돌아가라!", "다시 한번 해보자!"를 수없이 외치며 신앙의 기초를 세우기 위해 제자훈련을 거듭했던 영적 코칭의 전문가로, 지금도 길을 잃은 영혼들의 디딤돌이 되고자 상담가의 길을 걸으며, 현재는 부천동광교회 부목사로서 더욱 전문적인 현장 목회자의 길을 걷고 있다.

한양대학교 경영학과 B.A
장로회신학대학교 신대원 M.Div
숭실대학교 기독교 상담 Th.M

기획자 **이상영**은 눈앞의 것만 좇다가 하나님의 섭리 하에 마르고 닳도록 깨지며, 여전히 좌충우돌 중인 평범한 크리스천으로서 15년째 학생들에게 영어를 가르치고 있고, 국가 자격증을 보유한 청소년 상담 전문가이다. 오늘도 그분의 발 앞에 엎드려 긍휼을 구하고 있고, 청소년 사역 및 문서선교를 고민하면서, 현재는 이상 영어학원 원장으로 한 걸음을 내딛고 있다.

중앙대학교 일반대학원 M.A.
솔라피데출판사 기획팀

크리스천 에센셜 시리즈
CHRISTIAN ESSENTIALS

『크리스천 에센셜』 시리즈는
기독교의 중요한 전통을 전달하고자 한다.
초대교회는 십계명, 세례, 사도신경, 성찬식,
주기도문, 그리고 공예배와 같은 기본적인
성경적 가르침과 실천을 바탕으로 세워졌다.
이러한 기독교의 기초 전통들은 사도들부터
오늘날에 이르기까지 바른 신앙의 모든 세대를
지탱하고 든든히 세워 왔다.
『크리스천 에센셜』 시리즈에서 계속 선보이는 책들은
우리 "신앙의 본질"에 대한 의미를 풍성히 묵상하게 한다.

시리즈 1 사도신경 46변형판 / 208p / 양장본
시리즈 2 주기도문 2021년 11월 발행 예정
시리즈 3 십 계 명 근간

10881 경기도 파주시 문발로 123(문발동) 솔라피데하우스 _ 파주출판도시
Tel. (031) 992-8691   Fax. (031) 955-4433   E-mail. vsbook@hanmail.net